일본어 문법의 이해

양경모 저

지식과교양

본 저서는 2018학년도 목포대학교 교내과제 지원에 의하여 연구되었음.

머리말

이 책은 일본어를 학습하고자 하는 이들에게 일본어 문법을 안내하고 해설하기 위한 목적으로 쓴 것이다. 문법이란 문을 구성하고 만들어내는 규칙이라 할 수 있다. 무언가를 표현하기 위해 사용하는 문들은 모두 문법에 따라 만들어지는 것이다. 일본어를 모어로 하는 사람들은 누구나 머릿속에 일본어 문법을 가지고 있고, 그 문법에 따라 자유롭게 문을 만들어 구사하고 있다고 할 수 있다. 이 문법은 모어를 습득하게 되면서 자연스럽게 그리고 무의식적으로 형성되어 내재하게 되는 것이다. 일본어를 모어로 하지 않는 사람들에게는 이러한 내재된 일본어 문법이 없기 때문에, 일본어를 습득하여 구사하기를 원하는 이들의 경우 다른 경로와 방법을 통해 일본어 문법을 배우고 익힐 수밖에 없다.

머릿속에 내재되어 있는 문법이 구체적으로 어떤 모습을 하고 있는지 밝혀내고, 설명하고, 기술하는 것은 그리 간단치 않은 일이다. 그러한 일을 수행하는 사람들이 문법 연구자들이다. 일본어 문법에 대해서도 많은 문법가들이 연구와 고찰을 통해 그 모습을 밝혀내고 기술

하는 작업을 해왔고 지금도 계속되고 있다. 문법가들이 밝혀내고 기술한 결과물로서의 일본어 문법이 모두 같은 모습을 하고 있는 것은 아니다. 어떤 대상을 바라보는 관점이나 파악 방식의 차이에 따라, 그것을 설명하고 기술한 결과가 서로 다른 모습으로 나타날 수 있는 것이다. 가령, 「行こう」(가자)라는 표현이 어떻게 만들어진 것인지를 설명함에 있어 「いこ」와 「う」라는 두 요소의 결합으로 이루어진 것이라는 설명이 있는가 하면, 「いこう」는 분리되지 않는 단일 어형이라는 설명도 있는 것이다. 즉, 「いこう」라는 표현을 도출해 내는 방법을 서로 다르게 설명하고 있는 것이다.

이 책을 집필하는 데 있어 필자는, 일본어의 '학교 문법'을 비롯해 많은 유능한 문법가들이 기술한 일본어 문법서와 연구 문헌들을 참조하였고, 거기에서 일본어 문법에 관한 많은 지식과 정보를 취하였다. 단, 어떤 것을 취하고, 취하지 않았는지는 필자의 관점과 파악 방식에 따른 것임도 말해 두고 싶다. 많은 선행 연구로부터 취한 지식과 정보를 토대로 하여 이 책에서 다룰 내용과 전체 구성을 정하게 되었다. 이 책에서는 일본어 문의 구성 및 산출 과정에 초점을 맞추어, 어떤 종류의 요소들이 어떤 방식으로 문 구성에 참여하는지, 그 기능 내지 역할은 무엇인지에 대해 설명하고 기술하였다.

이 책의 구성은 크게 3부로 이루어져 있다. 1부에서는 단문의 구성에 대해, 문의 구성 성분들에 대해 설명하고, 특히 술어 성분을 중심으로 형태 · 통어 · 의미 면에서 어떤 특성을 보이는지에 주안점을 두어 기술하였다. 아울러 문법적으로 중요한 역할을 수행하는 조동사에 대해 그 유형 제시와 함께 개별적인 특성에 대해서도 기술하였다. 2부에서는 일본어의 주요 문법 범주들에 대해 제시하고, 각 문법 범주와 관련한 문법 현상들을 예문과 함께 설명하고 기술하였다. 3부에서는 복문의 구성에 대해 다루었다.

이 책에서 이용한 일본어 예문들은 필자가 다양한 경로와 방법으로 수집하고, 수집된 예문들 중에서 선별하고 가공하는 과정을 거쳐 이용하였다. 일상적으로 흔히 나타날 수 있는 것들에 대해서는 따로 출처를 표시하지 않았고, 소설 등에서 발췌해 그대로 인용한 경우에 대해서는 끝에 출전(약호)과 쪽수를 밝혀두었다.

끝으로, 이 책의 작성을 위해 필자가 참조해 온 모든 논저들과 그 집필자 분들에게 경의와 감사를 표합니다. 아울러, 혹시 발견될 수 있는 오류나 미비한 점 등에 대한 모든 책임은 오롯이 필자에게 있음을 밝혀둡니다. 이 책의 출판을 맡아 주신 도서출판 지식과 교양의 여러분께도 감사 말씀 드립니다.

저자 양경모

| 차례 |

1부

단문의 구성

1. 문(文)의 구성

문(文)이라는 것은, 어떤 사태(事態)를 표현하기 위해 만들어 사용하는 것으로, 음성적인 언어의 형태로 나타난 것이다. 문(文)은, 결국 사태의 구성 요소들을 표현하는 단어(單語)들과 사태의 구성 요소 간에 존재하는 관계를 표시해 주는 언어 요소들을 이용해 만들어지는 것이다. 단어들과 관계 표지 요소들을, 정해진 규칙(規則)에 맞추어 조립하여 하나의 통합체로 만들어낸 것이 문(文)이라고 규정할 수 있다. 문법(文法)이란, 문을 생성하고 산출해 내는 데 관여하는 제반 규칙(規則)을 찾아 기술한 것이라 정의해 볼 수 있겠다.

1-1. 문의 성분

하나의 문을 구성하는 데 이용되는 성분들을 말한다. 하나의 문은 몇 개의 성분들의 통합에 의해 짜이는 것이다. 문 성분의 기본 재료는 단어가 되며, 그것에 성분들 간의 관계를 표시해 주는 표지(標識) 요

소가 결합하여 하나의 문 성분을 이루는 것이다. 가령, '다로가 밥을 먹는다.'라는 하나의 사태가 있을 때, 이 사태의 구성에 관여하는 요소로서는, 밥을 먹는 동작 주체(主體)로서의 '다로', 먹는 동작의 대상(對象)이 되는 '밥', 그리고 동작 그 자체로서 '먹다'를 생각할 수 있겠다. 그런데 이 사태를 언어로 표현(表現)한다고 하면, 당연히 그 사태를 구성하는 요소들 각각에 대한 언어적 표현 수단으로서의 단어(單語)들과, 그 요소들 간에 형성되어 있는 관계(關係)를 표지해 주는 언어적 요소들이 필요할 것이고, 또한 그것들을 서로 간에 적절히 결합(結合)시키고, 적절히 배치(配置)하여 하나의 완성된 통합체(統合體)를 이루어야 할 것이다. '다로가 밥을 먹는다.'라는 사태를 일본어로 표현한다면, 「太郎がご飯を食べている」와 같이 되는 것이다. 「太郎」라는 단어에 「が」라는 관계 표지가 결합해 「太郎が」라는 성분을 이루고, 「ご飯」이라는 단어에 「を」라는 관계 표지가 결합해 「ご飯を」라는 성분을, 그리고「食べる」에 동작의 양태를 표현해 주는 「いる」가 결합해 「食べている」라는 성분을 이루고 있다. 그리고 이들 성분들이 적절한 순서로 배열되어 그와 같은 완성된 하나의 문이 성립된 것이라 하겠다. 「太郎がご飯を食べている。」라는 문은, 「太郎が」, 「ご飯を」, 「食べている」라는 세 성분의 적절한 통합(統合)에 의해 성립된 것이라 할 수 있다.

● 술어(述語)와 보족어(補足語)

문의 구성성분은 그것이 어떤 역할을 수행하는가에 따라 우선 크게 술어 성분과 보족어 성분으로 나눌 수 있다.

술어는 사물의 움직임이나 혹은 속성 · 상태 등을 서술하는 말로 문 구성에 있어서 핵심적인 역할을 수행하는 성분이라 할 수 있다.

보족어는 술어를 보완하여 하나의 완성된 문을 만들어 내는 역할을 한다. 술어가 무엇이냐에 따라 반드시 요구되는 보족어의 수가 달라진다.

(1) 太郎が 来た。

(2) 太郎が 花子と 結婚した。

(3) 太郎が ご飯を 食べた。

(4) 太郎が 花子に 本を あげた。

– 밑줄 부분이 보족어이다.

– (1)은 보족어가 하나, (2)와 (3)은 보족어가 둘, (4)는 보족어가 셋

● **격(格)**

보족어는 술어에 대해 어떤 문법적 관계를 가지는데, 이러한 관계를 문법용어로는 '격(格)'이라 칭한다. 소위, '주격(主格)', '대격(對格)', '여격(與格)' 등이 이에 해당한다.

보족어가 술어에 대해 어떠한 격을 가지는가를 표지(標識)해 주는 것이 '격조사(格助詞)'이다.「が, を, に, で, と‥」등이 격조사이다.

보족어는 '명사+격조사'로 이루어지는 문 성분을 말하며, 격조사가 무엇이냐에 따라 'が격 보족어', 'を격 보족어', 'に격 보족어' 등의 명칭으로 불리기도 한다.

● 수식어(修飾語)

문 성분에는 술어와 보족어 외에 수식어(修飾語)라는 것이 있는데, 명칭 그대로 다른 어떤 요소를 수식(修飾)해 주기 위해 임의로 선택되는 성분을 말한다.

수식어는 명사류를 수식하는 연체수식어(連体修飾語)와 용언류(동사와 형용사)를 수식하는 연용수식어(連用修飾語)로 구분할 수 있다.

(5) <u>きれいな</u>　花

(6) <u>ゆっくり</u>　歩いた。

－(5)는 な형용사가 연체수식어로, (6)은 부사가 연용수식어로 쓰인 것이다.

1-2. 어순(語順)

'어순(語順)'이란 문을 구성함에 있어 그 기본 재료가 되는 단어의 배열 순서를 말한다. 그런데 단어는 문을 구성할 때 일정한 역할을 수행하는 문 성분이 되기 때문에, 어순(語順)이란 결국 문 구성 성분의 배열 순서를 말하는 것이 된다.

● 일본어 어순의 특징

술어(述語)가 문의 맨 마지막에 오고, 그 앞에 보족어(補足語)들이 배열된다. 보족어들 간의 배열순서는 비교적 자유롭다.

[보족어1] (… [보족어n]) [술어]

(7) a ねこが ねずみを つかまえた。
b ねずみを ねこが つかまえた。
c ＊ねこが つかまえた ねずみを
d ＊つかまえた ねこが ねずみを

- (7)a는 주어와 목적어 2개의 보족어를 가진 문인데, (7)b에서와 같이 두 보족어의 순서를 바꾸어도 문의 기본 의미에는 변함이 없다.
- (7)c와 (7)d는 술어가 보족어 사이나 문두에 나타나는 경우로, 구어(口語)에서나 더러 나타날 뿐 정상적인 문이라 보기는 어렵다.

(8) a 太郎が 花子に 次郎を 紹介した。
b 太郎が 次郎を 花子に 紹介した。
c 花子に 太郎が 次郎を 紹介した。
d 次郎を 太郎が 花子に 紹介した。
e ?花子に 次郎を 太郎が 紹介した。
f ?次郎を 花子に 太郎が 紹介した。

– (8)은 が격, に격, を격 3개의 보족어를 가진 문인데, e와 f에서처럼 が격 보족어를 맨 나 중에 배치하면 자연스러움이 떨어진다.

(9) a きみ(は) この本(を) よんだ ↗ 。

b きみ(は) よんだ ↗ この本(を) ↘ 。

c よんだ ↗ きみ(は) この本(を) ↘。

– (9)는 아주 구어적인 표현들인데 b와 c처럼 술어가 도치(倒置)에 의해 보족어 사이나 맨 앞에 나타나기도 한다. 화살표는 억양 표시.

수식어(修飾語)는 피수식어(被修飾語)의 앞에 놓인다. 연체수식어는 명사 앞에, 연용수식어는 동사(구)나 형용사 앞에 놓이는 것이 일반적이다.

(10) a 日本の 雑誌

b 難しい 漢字

– 명사가 연체수식어로 쓰이려면 (10)a에서처럼 조사 「の」가 부착되어야 한다. b는 い형 용사가 연체수식어로 쓰인 경우이다.

(11) a みちを ゆっくり 歩いた。

b コーヒーを たくさん 飲んだ。

c 手を きれいに 洗った。

d きれいに 手を 洗った。

– (11) a와 b는 수식을 본래 기능으로 하는 부사가, (11) c와 d는 な 형용사의 부사형이 연용수식어로 쓰인 것이다. (11)d의 경우 수식어가 목적어(を격 보족어) 앞에 놓인 경우이다.

● 선호하는 어순

[시간][장소][が격][に격][を격][동사]

(12) 5時ごろ 北海道で 地震が あった。

(13) 駅前で 女の子が ぼくに 話しかけてきた。

(14) きのう 進ちゃんが 良子に お金を 貸してあげた。

– (12)는 [시간][장소][が격][동사]의 순서로 배열되어 있고, (13)은 [장소][が격][に격]의 순서로, (14)는 [시간][が격][に격][を격][동사]의 배열 순서를 취하고 있다.

1-3. 격조사(格助詞)

'격조사(格助詞)'란 말 그대로 격(格)을 표지(標識)해 주는 조사이다. '격(格)'이란 문을 구성함에 있어 '보족어가 술어에 대해 가지는 문법적 관계'를 가리키는 용어이다.

일본어에서는 격(格)이 조사(助詞)에 의해 표시된다. 조사는 '도움을 주는 말'이라는 뜻으로, 자립적이지는 못 하지만 다른 말의 뒤에 부속(付属)되어 문법적인 어떤 기능을 수행하는 요소들이다. 일본어에는 많은 조사들이 있는데, 그 특성에 따라 몇 가지 부류로 나뉘며, 격조사는 그 중 한 부류이다.

격조사는 명사 뒤에 부착되어 보족어를 구성하며, 해당 보족어의 격을 표시해 주는 역할을 한다. 일본어의 격조사로는 「が, を, に, で, と, へ, から, まで, より」 등이 있다.

– 해당 격조사가 어떤 격을 표시하는지는 의미 혹은 형식의 관점에서 파악해 볼 수 있다.

● 「が」

– 보통 '주격조사(主格助詞)'라 불린다. 해당 보족어가 주격(主格) 성분임을 표시하는 조사라는 뜻이다. 주격(主格)이란 해당 보족어가 술어와 '가장 밀접한(=일차적인)' 관계에 놓여 있음을 뜻한다.
– 일반적으로 '동작의 주체(主體)', '성질이나 상태의 소유 주체'가 주격 보족어(=주어)로 나타나지만, '동작 또는 감정의 대상(對象)'이 주격 보족어가 되기도 한다.

(동작의 주체)
太郎が 来た。(다로가 왔다.)
太郎が 顔を洗った。(다로가 얼굴을 씻었다.)
(성질이나 상태의 소유 주체)
天気が 悪い。(날씨가 나쁘다.)

花が きれいだ。(꽃이 예쁘다.)

(동작 또는 감정의 대상)

カメラが ほしい。(카메라를 가지고 싶다.)

ラーメンが すきだ。(라면을 좋아한다.)

太郎が 花子に打たれた。(다로가 하나코에게 맞았다.)

● 「を」

– 흔히 '대격조사(對格助詞)'라 불린다. 해당 보족어가 대격(對格) 성분임을 표시해 주는 조사이다. 대격 보족어를 수반하는 동사를 보통 타동사(他動詞)로 분류한다.

– 보통 '동작을 받는 대상(對象)'이 대격 보족어로 나타난다. 때로 '동작의 통과(通過) 지점이나 기점(起点)', '동작이 행해지는 기간(期間)' 따위가 대격 보족어로 나타나기도 한다.

(동작을 받는 대상)

サッカーを 見る。(축구를 보다.)

音楽を 聞く。(음악을 듣다.)

ご飯を 食べる。(밥을 먹다.)

(동작의 통과 지점이나 기점)

道を 歩く。(길을 걷다.)

家を 出る。(집을 나오다.)

(동작이 행해지는 기간)

一年を 寝て暮らす。(1년을 놀고 지내다.)

●「に」

–'동작이 향하는 상대'를 표시한다. 이 경우의 に를 흔히 '여격조사(與格助詞)'라 부른다.
–'동작과 관련된 장소나 시간'을 표시해 주는 조사이다. 이 경우는 '처격조사(處格助詞)' 혹은 '소격조사(所格助詞)'라 불린다.

(동작의 상대)

友だちに 本をあげた。(친구에게 책을 주었다.)

(존재 장소)

ここに 本がある。(여기에 책이 있다.)

(시간)

7時に 起きる。(7시에 일어나다.)

(목적지)

駅に 着く。(역에 도착하다.)

(변화의 결과)

大人に なる。(어른이 되다.)

(목적)

買い物に 行く。(쇼핑하러 가다.)

● 「へ」

– 방향이나 귀착점을 나타내는 조사이다.

左側へ まわる。(방향) (왼쪽으로 돌다.)

家へ 帰る。(귀착점) (집으로 돌아가다.)

● 「と」

– '공격(共格)' 혹은 '공동격(共同格)' 조사라 불린다.

'어떤 행위를 함께 하는 사람'을 나타내는 것이 대표적 용법이다.

– '작용의 결과', '비교의 대상'을 나타내거나, '어떤 것들을 열거할 때'도 쓰인다.

(행위를 함께 하는 사람)

友だちと 行く。(친구와 가다.)

(작용의 결과)

大きく なって 先生と なる。(자라서 선생님이 되다.)

(비교의 대상)

私の背は 父と 同じだ。(나의 키는 아버지와 같다.)

(열거)

りんごと なしと ぶどう (사과와 배와 포도)

● 「で」

– '행위가 일어나는 무대로서의 장소'를 나타내 준다. 장소를 표시한다는 점에서는 に와 같은 점이 있지만, 용법에 있어 차이를 보인다.

– '도구'나 '방법.수단', '원인' 등을 나타낸다. 이 경우의 で를 흔히 '구격(具格)' 조사라 부른다.

(행위 무대로서의 장소)

学校で 勉強する。(학교에서 공부하다.)

(수단.방법.재료)

地下鉄で かよう。(지하철로 다니다.)

ぶどうで 酒を つくる。(포도로 술을 만들다.)

(원인 · 이유)

風邪で 学校を休む。(감기로 쉬다.)

● 「から」

–‘기점(起點)’, ‘근거’, ‘재료’ 등을 나타낸다. ‘탈격(奪格)’ 조사라고도 불린다.

(기점)

ソウルから 日本まで (서울에서 일본까지)

(근거)

合格は 努力から 出る。(합격은 노력에서 나온다.)

● 「まで」

–시간이나 장소 등의 착점(着點)을 표시해 준다.

家から 学校まで 歩く。(집에서 학교까지 걷다.)

朝から 晩まで はたらく。(아침부터 밤까지 일하다.)

● 「より」

–‘비교의 기준’을 나타낸다.

金は 銀より 高い。(금은 은보다 비싸다.)

日本は 韓国より 人口が 多い。(일본은 한국보다 인구가 많다.)

1-4. 주제조사(主題助詞)

● 「は」

– 이야기의 '주제(主題)'를 표지해 준다.
문(文)의 어떤 성분을 내세워 주제로 삼을 때 쓰인다.
'대비(対比)'를 나타내는 기능도 있다.

주제(主題)

洋子さんは 美しい。(요코 씨는 아름답다.)
山田さんは 学生です。(야마다 씨는 학생입니다.)

その本は 私が買った。(←私がその本を買った。)
(그 책은 내가 샀다.)

洋子さんとは 彼が会った。(←彼が洋子さんと会った。)
(요코 씨와는 그가 만났다.)

彼には 子供が三人いる。(←彼に子供が三人いる。)
(그에게는 아이가 셋 있다.)
この部屋では 会合が開かれる。(←この部屋で会合が開かれる。)
(이 방에서는 회합이 열린다.)

대비(對比)

雨は 降っていますが、雪は 降っていません。
(비는 내리고 있습니다만, 눈은 내리지 않습니다.)

読みは するが、書きは できません。
(읽기는 하지만, 쓰지는 못 합니다.)

– 이야기의 맥락에 언어적으로 혹은 다른 방식으로 이미 도입되어 있어, 청자가 그것이 무엇을 가리키고 있는지 인지하고 있는 것이라야 주제(主題)로서 선택할 수 있다. 이야기의 해당 국면에 처음 도입되는 새로운 사항에 대해서 바로 주제(主題)로 내세울 수 없고, 따라서 「は」로 표지할 수도 없다.

駅の近くに新しい店が(×は)できました。その店は(×が)寿司やです。
(역 근처에 새로운 가게가 생겼습니다. 그 가게는 초밥집입니다.)

(「新しい店」는 청자가 아직 알고 있지 못 한 사항이기 때문에, 이야기 속에 도입되면서 바로 주제(主題)가 되기는 어렵고, 따라서 「は」로 표지할 수 없다. 하지만 「その店」는 이미 앞에서 도입된 것이므로 주제(主題)로서 선택될 수 있고 「は」로 표지가 가능해지는 것이다.)

– 형용사 술어 문이나 명사 술어 문처럼, 어떤 대상의 속성이나 상

태를 서술하는 문의 경우, 보통 주제(主題)를 가지는 문으로서 나타난다. 동사 술어문의 경우에도 사람이나 사물의 속성을 서술할 때는 주제(主題)를 가지는 문으로 나타난다.

日本人は勤勉だ。(일본인은 근면하다.)
花子は忙しい。(하나코는 바쁘다.)
マリーさんはアメリカ人です。(마리 씨는 미국인입니다.)
新幹線は時速200キロぐらいで走る。(신칸센은 시속 200키로 정도로 달린다.)
刺身は生で食べる。(생선회는 날것으로 먹는다.)

－동사 술어 문으로서 객관적으로 관찰될 수 있는 어떤 사건이나 동작을 있는 그대로 묘사하는 경우에는 주제(主題)를 가지지 않는 문으로 나타난다.

バスが来た。(버스가 왔다.)
突然、雨が降りだした。(갑자기 비가 내리기 시작했다.)
きのうの午後、太郎が訪ねて来た。(어제 오후 다로가 찾아왔다.)

일시적인 어떤 상태를 묘사하는 경우에도 주제(主題)를 가지지 않고「～が ～」의 형식을 이용해 표현할 수 있다.

空が真っ暗だ。(하늘이 새까맣다.)

近所が火事だ。(근처가 화재다.)

1-5. 필수 보족어의 배열 유형

하나의 문은 술어만으로는 성립할 수 없으며, 보족어(補足語)의 도움을 받아 비로소 완성된 문을 이룰 수 있다. 어떤 보족어가 필요한지는 술어의 의미 내용에 따라 결정된다. 완성된 문을 이루기 위해 어떤 술어가 필수적으로 요구하는 보족어를 '필수(必須) 보족어'라 하며, 술어와 필수 보족어의 배열에 의해 '기본문형(基本文型)'들이 성립하게 된다.

술어와 보족어 간에는 が격, を격, に격 등 '격(格)' 관계가 성립한다.

■ 필수 보족어(=격 성분)의 배열 사례

● 동작술어의 경우

[が격 보족어] [술어]

ex. おもちゃがこわれた。(장난감이 부서졌다.)
人があるいている。(사람이 걷고 있다.)
バスがくる。(버스가 온다.)

[が격 보족어] [を격 보족어] [술어]

ex. 子どもがおもちゃをこわした。(아이가 장난감을 부서뜨렸다.)
マリーさんが音楽をきいている。(마리 씨가 음악을 듣고 있다.)
先生が学生をしかった。(선생님이 학생을 꾸짖었다.)
熊が人をころした。(곰이 사람을 죽였다.)

[が격 보족어] [に격 보족어] [술어]

ex. 彼が私にあやまった。(그가 나에게 사과했다.)
子どもが母にしがみついた。(아이가 엄마에게 매달렸다.)
犬が人にかみついた。(개가 사람에게 달려들어 물었다.)

[が격 보족어] [と격 보족어] [술어]

ex. ジョンがマリーと結婚した。(존이 마리와 결혼했다.)
ジョンがマリーとけんかした。(존이 마리와 싸웠다.)

[が격 보족어] [に격 보족어] [を격 보족어] [술어]

ex. 花子が子どもにおもちゃをあげた。(하나코가 아이에게 장난감을 주었다.)
先生が私に本をくださった。(선생님이 나에게 책을 주셨다.)
山田さんは学生に日本語を教える。(야마다 씨는 학생에게

일본어를 가르친다.)

調査員がわたしにその点をたずねた。(조사원이 나에게 그 점을 물었다.)

部長が私に出張を命じた。(부장이 나에게 출장을 명했다.)

● **상태술어의 경우**

[が격 보족어] [술어]

ex. なにがいちばん高い。(무엇이 가장 비싸?)

一これがいちばん高い。(이것이 가장 비싸.)

[に격 보족어] [が격 보족어] [술어]

ex. あなたにそんなことができる? (당신이 그런 걸 할 수 있어요?)

わたしには恋人がほしい。(나에게는 연인이 필요해.)

[が격 보족어] [が격 보족어] [술어]

ex. この店がうどんがいちばんおいしい。(이 가게가 우동이 가장 맛있다.)

太郎が成績がいちばんよい。(다로가 성적이 가장 좋다.)

[が격 보족어] [に격 보족어] [술어]

ex. 山田さんが音楽に詳しい。(야마다 씨가 음악에 상세하다.)

[が격 보족어] [と격 보족어] [술어]

ex. これがそれと違うことは否定できない。(이것이 그것과 다른 것은 부정할 수 없다.)

2. 동사 술어 문

‘동사(動詞)’란 ‘움직임’을 표현하는 말이다. 사람의 신체 동작, 언어 행위, 지각 활동, 정신 작용 등 인간이 일으키는 다양한 움직임과 자연계의 다양한 사물들에서 나타나는 동작이나 변화 등의 움직임을 표현하는 말들을 ‘동사(動詞)’라 하는 것이다.

신체 동작 : 行く, 来る, 歩く, 走る, 出る, 入る, つかむ, にぎる, …

언어 행위 : 言う, 話す, しゃべる, かたる, …

지각 · 감정 : 見る, 聞く, 見える, 聞こえる, 嗅(か)ぐ, 泣(な)く, 笑(わら)う, おどろく, …

정신 작용 : 思う, 考える, 認(みと)める, 判断(はんだん)する, …

일본어 동사의 기본 형태는 ‘う段’ 音, 즉 ‘う, く, ぐ, す, つ, ぬ, ぶ, む, る’ 중 어느 한 가지로 끝나는 것이다.

ーう：会う, 買う, すう, わらう, 思う, …
ーく：行く, 書く, つく, 引く, つづく, …
ーぐ：かぐ, こぐ, ぬぐ, 泳ぐ, 急ぐ, …
ーす：かす, 消す, さす, 出す, 話す, …
ーつ：うつ, かつ, 立つ, 待つ, そだつ, …
ーぬ：死ぬ, …
ーむ：かむ, くむ, 住む, 飲む, つつむ, …
ーぶ：とぶ, 呼ぶ, あそぶ, さけぶ, 学ぶ, …
ーる：切る, 来る, する, なる, 乗る, つくる, 見る, 出る, 起きる, …

2-1. 동사의 활용

동사의 큰 특징 중의 하나는 '활용(活用)'을 한다는 것이다. 활용이란 어형(語形)이 변화하면서 다양한 문법적 기능을 수행하는 현상을 말하는데, 일본어에서 활용은 어간(語幹)에 대해 어미(語尾)가 교체되면서 이루어지게 된다.

かく：かく, かいた, かこう, かけ, かき, かいて, かけば,
かいたら, かいたり

● '1군 동사'와 '2군 동사'

일본어 동사는 활용 패턴이 어떠한가에 따라 '1군 동사'와 '2군 동사'로 나뉜다. 어느 쪽에도 들지 않고 불규칙 활용 양상을 보이는 동사는 '3군 동사'라 한다.

'1군 동사'는 어간이 자음(子音), 즉 [w], [k], [g], [s], [ts], [n], [b], [m], [r] 중 한 가지로 끝나고 거기에 어미가 부착되면서 활용하는 동사이다. '2군 동사'는 어간이 모음([e]나 [i])으로 끝나고 거기에 어미가 부착되면서 활용하는 동사이다.

기본형(基本形)을 기준으로 구분해 보면 'る音'으로 끝나고 바로 앞의 음이 え段音이나 い段音인 경우 대개 '2군 동사'라 할 수 있고, 이것들을 제외한 대부분의 동사는 '1군 동사'에 속한다. 3군 동사는 来る와 する(する동사 포함) 뿐이다.

> 1군 동사 : あう, かく, さす, もつ, しぬ, とぶ, よむ, のる, …
> 2군 동사 : おきる, おりる, いる, みる, たべる, かける, ねる, …
> 3군 동사 : 来る, する, 勉強する, …

활용형(活用形)들은 형태 · 통어 · 의미 면에서 서로 대립적인 특징을 보이는 것들을 추출해 낸 것이다. 종지형과 접속형의 구분, 시제(時制)의 구분, 서법(敍法, ムード) 상의 구분이 이루어지고, 아울러 형태적인 구분이 이루어지는 것들이다.

● 일본어 동사 활용 체계

	1군 동사	2군 동사	문법적 기능
기본형	かく kak-u	たべる tabe-ru	단정 · 비과거 · 종지
과거형	かいた kai-ta	たべた tabe-ta	단정 · 과거 · 종지
의지형	かこう kak-oo	たべよう tabe-yoo	의지(권유) · 종지
명령형	かけ kak-e	たべろ tabe-ro	명령 · 종지
중지형	かき kak-i	たべ tabe-ø	접속
て형	かいて kai-te	たべて tabe-te	접속
가정형	かけば kak-eba	たべれば tabe-reba	가정 · 접속
조건형	かいたら kai-tara	たべたら tabe-tara	조건 · 접속
열거형	かいたり kai-tari	たべたり tabe-tari	열거 · 접속

● 기본형(基本形)

'사전형(辭典形)'이라 부르기도 한다. 1군 동사의 경우 어간에 어미 {-u}가, 2군 동사의 경우 어간에 어미 {-ru]}가 붙어 각각 이루어진다. {V1-u/V2-ru}.

1) 문의 종지(終止) 술어로 쓰인다. 비과거(非過去) 시제 기능을 가진다. 현재(現在)의 습관적 행위나, 미래(未來) 시점에 일어날 동작, 항상적인 사건 등을 표현한다. 화자(話者)의 단정적인 기분이나, 의지(意志)를 표현하기도 한다.

今度の夏休みには海へ行く。
(이번 여름방학에는 바다에 간다.)

お昼に寿司を食べる。

(점심에 초밥을 먹는다.)

私は毎朝コーヒーを飲む。

(나는 매일 아침 커피를 마신다.)

年に一度はベッドの位置をかえる。

(일년에 한 번은 침대 위치를 바꾼다.)

その人に会うといつも不安を感じる。

(그 사람을 만나면 항상 불안감을 느낀다.)

日は東からのぼる。

(해는 동쪽에서 뜬다.)

二に二を足すと四になる。

(2에 2를 더하면 4가 된다.)

2) 연체수식절의 술어로 나타나거나, 접속문의 종속절 술어로 나타난다. 이 경우, 어떤 시점에서 아직 일어나지 않은, 즉 미완료(未完了)의 동작 · 행위를 표현한다.

日本へ来るまえに、日本語を勉強しました。

(일본에 오기 전에 일본어를 공부했습니다.)

図書館で本を借りるとき、カードが要ります。

(도서관에서 책을 빌릴 때 카드가 필요합니다.)

このくすりを飲むと、熱が下がります。

(이 약을 먹으면 열이 내립니다.)

あした雨が降ると思います。

(내일 비가 내릴거라 생각합니다.)
家を買うなら、一戸建てがいいです。
(집을 산다면 단독주택이 좋습니다.)

- **과거형(過去形)**

1군 동사의 경우 어간에 어미 {-ta}가 붙어 이루어지는데, 이 때 어간 자음에 변화가 일어난다. 2군 동사의 경우 어간에 어미 {-ta}를 붙이면 된다. {V-ta(da)}.

1) 문의 종지(終止) 술어로 쓰이며, 단정(斷定)의 기분을 표현하는 점에서는 기본형과 같으나, 과거 시제 기능을 가진다는 점에서 차이가 있다. 즉, 기준시(基準時) 이전에 일어난 동작 · 사건을 표현한다.

久しぶりにマリーさんに会った。(오랜만에 마리 씨를 만났다.)
トヨタ自動車で10年間働いた。(도요타 자동차에서 10년간 일했다.)
きのうは友だちと映画を見た。(어제는 친구와 영화를 보았다.)
くだものをたくさん食べた。(과일을 많이 먹었다.)
雨の音を聴きながら、僕は静かな眠りについた。
(빗소리를 들으면서 나는 조용히 잠에 빠져들었다.)

2) 연체수식절의 술어로 나타나거나, 접속문의 종속절 술어로 나타

난다.

これは京都で買ったおみやげです。(이것은 교토에서 산 선물입니다.)
すしを食べたことがあります。(초밥을 먹은 적이 있습니다.)
遅く起きたからタクシーで行きました。(늦게 일어나서 택시로 갔습니다.)
くすりを飲んだのに病気が治らない。(약을 먹었는데도 병이 낫지 않는다.)
彼女はにっこりと笑ったが、何も言わなかった。
(그녀는 빙그레 웃었지만 아무 말도 하지 않았다.)

● 의지형(意志形)

1군 동사의 경우 어간에 어미 {-oo}가, 2군 동사의 경우 어미 {-yoo}가 붙어 각각 이루어진다. 종지형으로 쓰인다. {V1-oo/V2-yoo}.

1) 화자 자신의 의지(意志)를 표현할 때 쓰이는데, 흔히 독백(혼잣말)으로 나타난다. 인용문 형식(「～と思います」)을 취하여 상대에게 자신의 의지를 표현하기도 한다.

あしたの朝は早く起きよう。(내일 아침에는 일찍 일어나자.)
この本を読もう。(이 책을 읽자.)
熱心にならおう。(열심히 배우자.)

冬休みに日本へ行こうと思います。(겨울방학에 일본에 가려고 합니다.)
来年アメリカへ留学しようと思います。(내년에 미국에 유학하려고 합니다.)

2) 대화 상대에게 함께 어떤 행동을 하자고 권유(勸誘)할 때 쓰인다.

さあ、みんなで歌を歌おう。(자, 모두 함께 노래를 부르자.)
ここでちょっと休もう。(여기서 잠깐 쉬자.)
お昼、いっしょに食べよう。(점심, 함께 먹자.)

● **명령형(命令形)**

1군 동사의 경우 어간에 어미 {-e}가, 2군 동사의 경우 어간에 어미 {-ro}가 붙어 이루어진다. 종지형으로 쓰이며, 청자에 대해 명령할 때 사용된다. {V1−e/V2−ro}.

もっとはやく歩け。(더 빨리 걸어라.)
ゆっくり話せ。(천천히 이야기하여라.)
ここにすわれ。(여기에 앉아라.)
はやく起きろ。(일찍 일어나거라.)
もうやめろ。(이제 그만두어라.)
窓を開けろ。(창문을 열어라.)

● 중지형(中止形)

1군 동사의 경우 어간에 어미 {-i}가 붙어, 2군 동사의 경우 어간 자체만으로(zero 어미 {-ø}로 처리) 성립된다. 연용형(連用形)이라고도 부른다. {V1-i/V2-ø}.

1) 다른 동사 또는 조동사(「ます」, 「たい」, 「そうだ」)와 결합해 복합적인 술어를 만들 때 쓰인다.

駅で友だちに会いました。(역에서 친구를 만났습니다.)
きれいな花がさきました。(예쁜 꽃이 피었습니다.)
みかんが食べたい。(귤이 먹고 싶다.)
棚から荷物が落ちそうだ。(선반에서 짐이 떨어질 것 같다.)
雨が降りはじめました。(비가 내리기 시작했습니다.)
字を書きなおした。(글씨를 고쳐 썼다.)
人々が通りすぎていくのを僕はぼんやりと眺めていた。
(사람들이 지나가는 것을 나는 멍하니 바라보고 있었다.)
僕は、ごく自然に彼女とつきあいだした。
(나는 극히 자연스럽게 그녀와 사귀기 시작했다.)
彼女は一気に水を飲み干した。
(그녀는 단숨에 물을 다 마셔버렸다.)

2) 절과 절을 병렬적으로 접속하여 접속문(接續文)을 구성할 때 쓰이는 활용형이다.

おじいさんは山へ行き、おばあさんは川へ行きました。
(할아버지는 산에 가고, 할머니는 강에 갔습니다.)
朝7時に起き、顔を洗い、すぐ家を出ました。
(아침 7시에 일어나, 얼굴을 씻고, 곧장 집을 나왔습니다.)
さよならと彼女たちは言い、さよならと僕は言った。
("안녕" 하고 그녀들은 말하고, "안녕" 하고 나는 말했다.)
我々はおやすみのあいさつをして電灯を消し、眠りについた。
(우리들은 잘 자라는 인사를 하고 전등을 끄고, 잠자리에 들었다.)
僕らは三人で朝食を食べ、それから鳥小屋の世話をしに行った。
(우리들은 셋이서 아침을 먹고, 그리고 새장을 돌보러 갔다.)

3) 명사형으로서 조사 「に」와 결합하여 '목적(目的)'을 표현한다. 완전히 명사로 전성된 경우 「が」, 「を」 등 격조사와도 자유롭게 결합하여 쓰인다.

今週末、いっしょに映画を見に行こうか。(이번 주말, 함께 영화 보러 갈까?)
友だちが家に遊びに来た。(친구가 집에 놀러 왔다.)
お昼を食べに外へ出た。(점심을 먹으러 밖에 나갔다.)
「本當にまた会いに来てくれる?」(정말로 또 만나러 와 줄거야?)
僕は黙って話の続きを待った。(나는 잠자코 이야기가 계속되기를 기다렸다.)

● て형

1군 동사의 경우 어간에 어미 {-te}가 붙어 이루어지는데, 이 때 어간 자음에 변화가 일어난다. 2군 동사의 경우 어간에 어미 {-te}가 붙어서 이루어진다. {V-te(de)}

1) 「いる」, 「ある」, 「みる」 등 여러 가지 보조동사(補助動詞)와 결합하여 쓰인다.

ワンさんはこの病院で働いています。
(왕 씨는 이 병원에서 일하고 있습니다.)
テーブルの上に花が飾ってあります。
(테이블 위에 꽃이 장식되어 있습니다.)
今までずっと両親といっしょに生活してきました。
(지금까지 죽 부모님과 함께 생활해 왔습니다.)
タクシーを呼んでください。
(택시를 불러 주세요.)

2) 절과 절을 접속하여 접속문을 구성할 때 쓰인다. 어떤 동작들을 병렬적으로 연결하거나, 연속적인 동작들, 인과(因果) 관계를 이루는 동작들을 연결할 때 쓰이는 형태이다.

きのう新宿へ行って、映画を見ました。
(어제 신주쿠에 가서 영화를 보았습니다.)

本を買って、友だちに送りました。
(책을 사서 친구에게 보냈습니다.)
家に帰って食事をします。
(집에 돌아가 식사를 합니다.)
母は用事があって出かけました。
(엄마는 볼일이 있어서 외출했습니다.)
会社まで時間がかかってこまります。
(회사까지 시간이 걸려서 곤란합니다.)
春が来てあたたかくなりました。
(봄이 와서 따뜻해졌습니다.)

● 가정형(假定形)

1군 동사의 경우 어간에 어미 {-eba}가, 2군 동사의 경우 어간에 {-reba}가 붙어 이루어진다. 가정(假定)의 접속절을 이끄는 활용형이다. {V1－eba/V2－reba}.

あなたが行けば、私も行きます。(당신이 가면 나도 가겠습니다.)
ゆっくり話せばわかります。(천천히 이야기하면 알 수 있습니다.)
このくすりを飲めばなおります。(이 약을 먹으면 낫습니다.)
早く寝れば、早く起きられます。(일찍 자면 일찍 일어날 수 있습니다.)
だれでも努力すれば成功します。(누구라도 노력하면 성공합니다.)

● 조건형(條件形)

1군 동사의 경우 어간에 어미 {-tara}가 붙어 이루어지는데, 이 때 음의 변화 현상이 일어난다. 2군 동사의 경우 어간에 어미 {-tara}가 붙어 이루어진다. 조건(條件)의 접속절을 이끄는 활용형이다. {V-tara(dara)}.

この仕事が終わったら、すこし休みましょう。(이 일이 끝나면 조금 쉽시다.)
あした晴れたら、いっしょにドライブしましょう。(내일 날이 맑으면 함께 드라이브합시다.)
もし雨が降ったら、出発はのばしましょう。(만약 비가 내리면 출발은 연기합시다.)
ドアをあけたら、だれもいませんでした。(문을 열었더니 아무도 없었습니다.)
夏休みになったら、国へ帰ろうと思います。(여름방학이 되면 귀국하려고 합니다.)
このくすりを飲んだら、眠くなりました。(이 약을 먹었더니 졸렸습니다.)

● 열거형(列擧形)

1군 동사의 경우 어간에 어미 {-tari}가 붙어 이루어지는데, 이 때 음의 변화 현상이 일어난다. 2군 동사의 경우 어간에 어미 {-tari}가 붙는다. 접속형으로 쓰이며, 열거의 의미를 표현한다. {V-tari(dari)}.

夜はテレビを見たり本を読んだりします。
(밤에는 텔레비전을 보거나 책을 읽거나 합니다.)
日曜日は山に登ったりドライブをしたりします。
(일요일에는 산에 오르거나 드라이브를 하거나 합니다.)
うそをついたりなどしてはいけない。
(거짓말을 하거나 해서는 안 됩니다.)

● 동사 활용에서의 '음편(音便)'

1군 동사의 어간에 [t]음으로 시작되는 어미 {-te} · {-ta} · {-tara} · {-tari}가 연결될 때 어간 끝 자음에 음(音)의 변화 현상이 일어나는데, 이러한 현상을 종래 '음편(音便)'이라 불러 왔고, 'い音便', '促音便', '撥音便'으로 구분하였다.

1) 기본형이 「一く」로 끝나는 동사의 경우 「一いて」·「一いた」·「一いたら」·「一いたり」가 된다. 「一ぐ」로 끝나는 경우에는 「一いで」·「一いだ」·「一いだら」·「一いだり」가 된다. 'い音便'

書く(kak-u) : 書いて(kai-te), 書いた(kai-ta), 書いたら(kai-tara), 書いたり(kai-tari)
研ぐ(tog-u) : 研いで(toi-de), 研いだ(toi-da), 研いだら(toi-dara), 研いだり(toi-dari)

2) 기본형이 「ーう」·「ーつ」·「ーる」로 끝나는 동사의 경우 「ーって」·「ーった」·「ーったら」·「ーったり」가 된다. '促音便'

会う(aw-u) : 会って(at-te), 会った(at-ta), 会ったら(at-tara), 会ったり(at-tari)

待つ(mats-u) : 待って(mat-te), 待った(mat-ta), 待ったら(mat-tara), 待ったり(mat-tari)

乗る(nor-u) : 乗って(not-te), 乗った(not-ta), 乗ったら(not-tara), 乗ったり(not-tari)

3) 기본형이 「ーぬ」·「ーむ」·「ーぶ」로 끝나는 동사의 경우 「ーんで」·「ーんだ」·「ーんだら」·「ーんだり」가 된다. '撥音便'

死ぬ(sin-u) : 死んで(sin-de), 死んだ(sin-da), 死んだら(sin-dara), 死んだり(sin-dari)

飲む(nom-u) : 飲んで(non-de), 飲んだ(non-da), 飲んだら(non-dara), 飲んだり(non-dari)

呼ぶ(yob-u) : 呼んで(yon-de), 呼んだ(yon-da), 呼んだら(yon-dara), 呼んだり(yon-dari)

음성적 변화의 결과만을 가지고 볼 때, /k, g/는 [i]음으로, /w, ts, r/은 [t]음으로, /n, m, b/는 [n]음으로 변한 것이라 할 수 있다. 아울러, /g, n, m, b/의 뒤에서 /t/는 [d]음으로 변한 것이라 할 수 있다.

2-2. 동사의 분류

일본어 동사는 관점(기준)에 따라 다양하게 분류될 수 있다. 그 중 대표적인 것이 '동작동사(動作動詞)'와 '상태동사(狀態動詞)'의 구분, '자동사(自動詞)'와 '타동사(他動詞)'의 구분이라 할 수 있다. 그 외에도 문법 기술상의 필요에 따라 '지속동사(持續動詞)'와 '순간동사(瞬間動詞)', '의지동사(意志動詞)'와 '무의지동사(無意志動詞)' 등 다양한 분류가 행해지고 있다.

● 동작동사와 상태동사

동작동사는 '동작(動作)'을 표현하는 동사를 말한다. 동작(動作)이란 사람의 물리적 · 언어적 행위나 심리적 현상, 사물의 상태나 성질의 변화 등을 포괄적으로 의미하는 용어이다. 동사 대부분이 동작동사이다.

ex. 歩く, 走る, 持つ, 話す, 見る, 聞く, 笑う, 泣く, なる, 変わる, …

상태동사는 동사의 형태를 취하고 있지만 '상태(狀態)'를 의미하는 동사를 말한다. 수적으로 많지 않다.

ある, いる 〈존재나 소유〉
できる, 話せる, 行ける, 見られる, … 〈가능〉

要る 〈필요〉

異なる, 違う 〈관계 개념〉

● 자동사와 타동사

자동사(自動詞)란 다른 대상(對象)에 대해 동작을 가하거나 하지 않고 혼자 스스로 일으키는 동작을 표현하는 동사를 말한다. 사물의 상태 변화를 표현하는 동사는 자동사에 속한다.

ex. 歩く, 走る, 行く, 泳ぐ, 飛ぶ, 笑う, …
    溶ける, 乾く, 消える, 止まる, 咲く, 死ぬ, …

자동사가 문(文)의 술어가 되면 보족어로서 목적어(「~を」)를 필요로 하지 않는다.

ex. 車が止まる。(차가 멈추다.)
    花がさく。(꽃이 피다.)
    火が消える。(불이 꺼지다.)
    人が走る。(사람이 달리다.)
    鳥がとぶ。(새가 날다.)

타동사(他動詞)란 동작 주체가 의도적으로 다른 대상(對象)에 대해 가하는 동작을 표현하는 동사를 말한다.

ex. 食べる, 飲む, 殴る, 打つ, 殺す, 壊す, …

타동사는 문(文)을 구성할 때 보족어로서 목적어(「~を」)를 취한다.

ex. ご飯を食べる。(밥을 먹다.)
お酒を飲む。(술을 마시다.)
人を殴る。(사람을 때리다.)
音楽を聞く。(음악을 듣다.)
テレビを見る。(텔레비전을 보다.)

「~を」라는 보족 성분을 취하지만 타동사로 보기 어려운 경우가 있다. 이때의 「~を」는 목적어라기보다 통과 장소나 출발 지점을 표현한다.

ex. 空をとぶ。(하늘을 날다.)
道を歩く。(길을 걷다.)
家を出る。(집을 나오다.)
橋を渡る。(다리를 건너다.)

● 자 · 타동사 대응 짝

일본어의 동사 어휘 중에는 자동사와 타동사가 서로 짝을 이루고 있는 것들이 많다. 즉, 형태 · 의미 면에서 일정 부분 공유하면서, 자동사와 타동사로서 통어적인 용법은 서로 갈리는 동사들의 짝을 말하는 것이다. 가령,「割る(war-u)」와 「割れる(ware-ru)」는 war-라는 요소를 형태적으로 공유하면서, 의미적으로 전자는 [깨뜨리다]라는 타동사적 의미를, 후자는 [깨지다]는 자동사적 의미를 각각 가지고 있다. 아울러 「割る」를 술어로 하는 문의 목적어가 될 수 있는 것들은, 모두 「割れる」의 주격 보족어로 나타날 수 있는 대응 관계도 보인다.

ex. ① 割る(war-u)/割れる(ware-ru), 抜く(nuk-u)/抜ける(nuke-ru)
折る(or-u)/折れる(ore-ru), …
② 詰める(tsume-ru)/詰まる(tsumar-u), 混ぜる(maze-ru)/混ざる(mazar-u)
集める(atsume-ru)/集まる(atsumar-u), …
③ 建つ(tats-u)/建てる(tate-ru), 並ぶ(narab-u)/並べる(narabe-ru)
進む(susum-u)/進める(susume-ru), …
④ 鳴る(nar-u)/鳴らす(naras-u), 減る(her-u)/減らす(heras-u)
乾く(kawak-u)/乾かす(kawakas-u), …

타동사로부터 접사 {-e-}나 {-ar-}를 첨가해 대응 자동사를 파생시키는 '자동화(自動化)', 자동사로부터 접사 {-e-}나 {-as-}를 첨가해 대응 타동사를 파생시키는 '타동화(他動化)' 등 대응 짝 사이에 형태적인 파생(派生) 관계 설정이 가능한 것으로 볼 수 있다.

ex. 電気をつける。(전기를 켜다.) : 電気がつく。(전기가 켜지다.)

ドアを開ける。(문을 열다.) : ドアが開く。(문이 열리다.)

タクシーを止める。(택시를 세우다.) : タクシーが止まる。(택시가 서다.)

授業を始める。(수업을 시작하다.) : 授業が始まる。(수업이 시작되다.)

電源を切る。(전원을 끊다.) : 電源が切れる。(전원이 끊기다.)

火を消す。(불을 끄다.) : 火が消える。(불이 꺼지다.)

〈자 · 타동사 대응짝 예시〉

-e-에 의한 자 · 타동화	
開く	開ける
付く	付ける
建つ	建てる
並ぶ	並べる
進む	進める
割れる	割る
切れる	切る
折れる	折る
取れる	取る
売れる	売る
破れる	破る
引ける	引く
裂ける	裂く
-ar-에 의한 자동화	
かかる	かける
上がる	上げる
下がる	下げる
広がる	広げる
転がる	転げる

ふさがる	ふせぐ
詰まる	詰める
止まる	止める
集まる	集める
始まる	始める
染まる	染める
高まる	高める
混ざる	混ぜる
-as(os)-에 의한 타동화	
鳴る	鳴らす
減る	減らす
乾く	乾かす
泣く	泣かす
笑う	笑わす
増える	増やす
冷える	冷やす
欠ける	欠かす
溶ける	溶かす
さめる	さます
なおる	なおす

2-3. 동사 술어 문의 유형(類型)

동사 술어 문은 문의 술어가 되는 동사의 성격이 어떠한가에 따라 세분해 볼 수 있다. 우선, 크게 '상태동사 문'과 '동작동사 문'으로 구분할 수 있고, 각각은 다시 동사의 종류에 따라 더 세분해 볼 수 있다.

상태동사(状態動詞) 문은 존재동사「ある」「いる」를 술어로 하는 '존재동사 문',「できる」「話せる」 등의 '가능동사 문',「違う」「異なる」와 같은 '관계동사 문' 등을 나누어 볼 수 있다.

동작동사(動作動詞) 문은 크게 '자동사(自動詞) 문'과 '타동사(他動詞) 문'으로 나누어 볼 수 있는데, '자동사 문'은 문의 구성성분으로서「を」격 보족어(補足語)를 취하지 않는 데 비해, '타동사 문'은「を」격 보족어를 반드시 취한다는 점에서 구별된다. 한편, 자동사 문은「が」격 보족어 하나만 취하면 완성된 문을 이룰 수 있는 '1항(項) 동사 문'과「に」격 보족어 혹은「と」격 보족어를 반드시 요구하는 '2항(項) 동사 문' 등 보족(補足) 성분을 취하는 양태에 따라 세분해 볼 수 있다. '타동사 문'은「が」격 보족어와「を」격 보족어를 필수 성분으로 취하는 2항(項) 동사 문과 거기에 추가로「に」격 보족어를 더해야 하는 3항(項) 동사 문으로 나눌 수 있다.

구문의 유형은 필수 성분을 취하는 양태에 따른 분류와 함께 임의적인 선택으로 도입되는 성분들의 양태에 따라 그 유형을 더 세밀하게 추출해 볼 수도 있다.

● 존재동사 문

사람이나 사물의 존재를 표현하는 동사를 존재동사(存在動詞)라 하며, 존재동사를 술어로 하는 구문을 존재동사 문이라 한다. 일본어의 존재동사에는「ある」와「いる」두 가지가 있다. 사람이나 동물 등 유정(有情)의 존재를 표현할 때는「いる」, 나무나 바위 등 무정물(無情物)의 존재를 표현할 때는「ある」를 사용한다.

[장소]に [존재 대상]が ある/いる。

ex. 机のうえに本がある。(책상 위에 책이 있다.)
教室のなかに学生がいる。(교실 안에 학생이 있다.)
こんなところに蚊がいる。(이런 곳에 모기가 있다.)

[존재 대상]は [장소]に いる/ある。

–존재 대상이 주제가 될 경우

ex. 本はつくえの上にある。(책은 책상 위에 있다.)
山田さんは食堂にいる。(야마다 씨는 식당에 있다.)

[소유자](に)は [소유 대상]が ある/いる。

–존재동사가 소유를 표현하는 경우

ex. 太郎には音楽の才能がある。(다로에게는 음악의 재능이 있다.)

花子は兄弟がいる/ある。(하나코는 형제가 있다.)

「ある」의 부정 표현은 「ない」, 「いる」의 부정 표현은 「いない」가 되고, 그 정중체 표현은 각각 「あります/ありません」, 「います/いません」이 된다.

ex. ここには何もない。(여기에는 아무것도 없다.)
ここには何もありません。(여기에는 아무것도 없습니다.)
ここには誰もいない。(여기에는 아무도 없다.)
ここには誰もいません。(여기에는 아무도 없습니다.)

● 자동사(自動詞) 문

자동사 문은 자동사가 술어가 되는 문으로서 문 구성에 있어 「を」격 보족어를 취하지 않는다. 「が」격 보족어만으로써 완성된 문을 이루기도 하지만, 다른 격 성분을 필수적으로 혹은 선택적으로 도입하여 문 구성을 하기도 한다.

1항(項) 동사 문

[주체]が 자동사。
[대상]が 자동사。

ex. 山田さんが歩いている。(야마다 씨가 걷고 있다.)

電車が走っている。(전차가 달리고 있다.)
鳥がとんでいる。(새가 날고 있다.)
子どもたちが遊んでいる。(아이들이 놀고 있다.)
月が出た。(달이 떴다.)
花が咲いた。(꽃이 피었다.)
電気が消えた。(전기가 꺼졌다.)

대칭동사(對稱動詞) 문

– 두 사람이 함께 동시에 수행해야 성립하는 하나의 동작 · 행위를 표현하는 동사 구문이다. [상대]를 표현하는 'と격' 성분이 필수적이다.「結婚する」,「けんかする」,「衝突する」 등

[주체]が [상대]と 대칭동사。

ex. 太郎が花子と結婚した。(다로가 하나코와 결혼했다.)
私は友だちとけんかした。(나는 친구와 싸웠다.)

변화동사(變化動詞) 문

– 주체 또는 대상의 상태 변화를 표현하는 동사 구문이다. 변화의 [결과]를 표현하는 'に격' 성분이 요구된다.「なる」,「かわる」 등.
– 형용사 연용형(い형용사「ーく」형, な형용사「ーに」형),「동사 기본형+ように」에「なる」가 연결되기도 한다.

[주체/대상]が [결과]に 변화동사。

ex. 弟が大学生になった。(동생이 대학생이 되었다.)
氷が水になった。(얼음이 물이 되었다.)
顔がきれいになった。(얼굴이 예뻐졌다.)
空が暗くなった。(하늘이 어두워졌다.)
納豆がおいしく食べられるようになった。(낫토를 맛있게 먹을 수 있게 되었다.)

<u>이동동사(移動動詞) 문</u>

- 주체나 대상이 한 위치에서 다른 위치로 이동(移動)하는 동작을 표현하는 동사 구문이다.「行く」,「来る」,「入る」,「出る」,「帰る」,「乗る」 등 '이동(移動)'의 의미를 포함하는 동사를 술어로 하며, 도착지(到着地)를 표현하는 'に격' 성분 혹은 'へ격' 성분, 출발지(出發地)를 표현하는 'から격' 성분을 수반하는 것이 보통이다.

[주체]が [장소]に/へ 이동동사。
[주체]が [장소]から 이동동사。

ex. 私はあしたソウルに(へ)行く。(나는 내일 서울에 간다.)
太郎がパーティーに来た。(다로가 파티에 왔다.)
太郎は家に帰りました。(다로는 집에 돌아갔습니다.)
学生たちが教室から出てきた。(학생들이 교실에서 나왔다.)

● 타동사(他動詞) 문

– 동작 주체의 자발적인 동작이 다른 대상에 영향을 미침을 표현하는 동사 구문이다. 문의 구성성분으로 'を격 성분'을 취함으로써 완성된 문을 이룬다.

[주체]が [대상]を 타동사。

ex. 太郎がご飯を食べている。(다로가 밥을 먹고 있다.)
山田さんがビールを飲んでいる。(야마다 씨가 맥주를 마시고 있다.)
花子が太郎の肩をたたいた。(하나코가 다로의 어깨를 두드렸다.)
花子が花瓶を割ってしまった。(하나코가 꽃병을 깨뜨려버렸다.)
太郎がふるさとの母に手紙を出した。(다로가 고향의 어머니에게 편지를 부쳤다.)

● 수여(授與) 및 수취(受取) 동사 문

– 상대방에게 물건이나 어떤 행위 등 무언가를 전달한다는 의미의 동사 구문을 수여동사 문이라 한다.「与える」,「貸す」,「売る」.「教える」,「あげる」,「くれる」등.
'を격' 성분을 취한다는 점에서 타동사 구문의 한 가지이지만, [상대]를 표현하는 'に격' 성분을 필수 성분으로 취한다는 점에서 차이를 보인다.

[주체]が [상대]に [대상]を 수여동사。

ex. 山田さんは学生たちに日本語を教えている。
(야마다 씨는 학생들에게 일본어를 가르치고 있다.)
太郎は花子にお金を貸した。
(다로는 하나코에게 돈을 빌려주었다.)
私はその子にお菓子をあげた。
(나는 그 아이에게 과자를 주었다.)
先生が私に本をくださった。
(선생님이 나에게 책을 주셨다.)

– 상대방 쪽에서 자기 쪽으로 물건 등이 이동됨을 의미하는 동사 구문을 수취동사 문이라 한다. 「もらう」, 「借りる」, 「教わる」 등.

[주체]が [상대]に/から [대상]を 수취동사。

ex. 花子は太郎にお金を借りた。(하나코는 다로에게 돈을 빌렸다.)
私は友だちに本をもらった。(나는 친구에게 책을 받았다.)
私は林さんから日本語を教わった。(나는 하야시 씨로부터 일본어를 배웠다.)

3. 형용사 술어 문

형용사가 술어가 되는 문을 말한다.

형용사란 사물의 속성이나 상태를 나타내는 말이다. 사물의 형상(形相), 즉 크기, 높이, 길이라든가, 무게, 강도(强度), 색상 등 그것이 내적으로 지니고 있는 성질, 어느 한 시점에서 나타내는 상태 및 그것에 매겨지는 가치 따위를 표현하는 것이다. 사람이 느끼는 감각이나 감정 등을 표현하는 말도 형용사이다.

일본어 형용사는 형태의 면에서 'い형용사'와 'な형용사'로 구분된다. 'い형용사'는 기본형(基本形)의 어미가 「ーい」로 끝나는 형용사이며, 'な형용사'는 기본형 어미가 「ーだ」로 끝나는 형용사이다. ('な형용사'라는 명칭은 명사 수식어로 쓰일 때 어미가 「ーな」인 것에 초점을 맞추어 유래한 것이다.) 'な형용사'는 특히 한자어를 어간으로 하는 것이 많다.

〈い형용사 예〉

大きい, 小さい, 高い, 低い, 短い, 長い, 広い, 狭い, 深い, 浅い, 重い,軽い, …

強い, 弱い, 遠い, 近い, 円い, 四角い, …

白い, 黒い, 赤い, 青い, 黄色い, 明るい, 暗い, …

良い, 悪い, おもしろい, つまらない, 美しい, 汚ない, …

〈な형용사 예〉

きれいだ, 静かだ, まじめだ, 上手だ, へただ, 丈夫だ, 元気だ, はでだ, 地味だ, 華やかだ, にぎやかだ, やわらかだ, 好きだ, 嫌いだ, いやだ, たいへんだ, …

有名だ, 親切だ, 重要だ, 便利だ, 不便だ, 豊富だ, 安全だ, 無理だ, …

● 기본 문형

(명사)が/は + 형용사

頭がいたい。(머리가 아프다.)

漢字はむずかしい。(한자는 어렵다.)

花がきれいだ。(꽃이 예쁘다.)

(명사1)が/は + (명사2)が + 형용사

うさぎは耳がながい。(토끼는 귀가 길다.)

花子は目がきれいだ。(하나코는 눈이 예쁘다.)

私は車がほしい。(나는 차를 원한다.)

私は花子が好きだ。(나는 하나코를 좋아한다.)

(명사1)が/は + (명사2)に + 형용사

田中さんは数学に強い。(다나카 씨는 수학에 강하다.)

山田さんは音楽に詳しい。(야마다 씨는 음악에 상세하다.)

■ 형용사의 활용

い형용사의 기본형은 「ーい」로 끝나며, 그 앞부분이 어간이 된다. 이 어간에 대해 어미가 교체되면서 활용(=어형변화)을 한다.

な형용사는 기본형이 「ーだ」로 끝나며, 그 앞부분이 어간이 된다. 이 어간에 대해 어미가 교체되면서 활용을 한다.

● い형용사의 활용 체계

기본형	さむい samu-i	종지, 연체수식, 비과거, 단정
과거형	さむかった samu-katta	종지, 연체수식, 과거, 단정
く형	さむく samu-ku	접속, 연용수식
くて형	さむくて samu-kute	접속, 연용수식
가정형	さむければ samu-kereba	가정, 접속
조건형	さむかったら samu-kattara	조건, 접속
열거형	さむかったり samu-kattari	열거, 접속

● 기본형「ーい」

어간에 어미 {-i}가 부착되어 이루어진다. {A-i}

1) 종지형 술어로 쓰이며, 어떤 대상에 대해 현재의 상태나 속성을 표현한다. 어떤 대상에 대한 말하는 이의 감정을 표현하기도 한다.

その問題はむずかしい。(그 문제는 어렵다.)
今年の夏はとても暑い。(금년 여름은 매우 덥다.)
友だちがほしい。(친구를 원한다.)
今でもまだ別れた彼女が恋しい。(지금도 헤어진 그녀가 그립다.)

2) 연체수식어로서 명사 앞에서 그것을 수식해 주는 기능을 한다.

私のかばんはすごく高いものだ。
(내 가방은 굉장히 비싼 것이다.)
寝る前に軽い運動をしたほうがよい。
(자기 전에 가벼운 운동을 하는 편이 좋다.)
最近は暑い日が続いています。
(최근에는 더운 날이 계속되고 있습니다.)
ここ数年でいちばん楽しい仕事でした。
(최근 몇 년 사이 가장 즐거운 일이었습니다.)

3) 접속조사와 결합해 접속문의 종속절 술어를 구성한다.

頭が痛いので、薬を飲みました。
(머리가 아파서 약을 먹었습니다.)
彼女は細いが、風邪ひとつひかない。
(그녀는 날씬하지만 감기 한 번 걸리지 않는다.)
彼女は近所がうるさいと警察に文句を言った。
(그녀는 근처가 시끄럽다고 경찰에게 불평을 했다.)

● 과거형 「ーかった」

어간에 어미 {-katta}가 붙어 이루어진다. 종지형으로 쓰이며, 과거 시제 기능을 가진다. 연체수식어로도 쓰인다. {A-katta}

その映画、すごくおもしろかった。
(그 영화 굉장히 재미있었다.)
わたしの母も昔はほんとうに美しかった。
(내 어머니도 예전에는 정말로 아름다웠다.)
毎朝5時に起きるのはとても苦しかった。
(매일 아침 5시에 일어나는 것은 무척 힘들었다.)
ユリちゃんも小さかった頃はけっこうかわいかった。
(유리 양도 어렸을 적에는 꽤 귀여웠다.)

● く형「ーく」

어간에 어미 {-ku}가 붙어 이루어진다. 중지형(中止形) 혹은 연용형(連用形)이라 부르기도 한다. {A-ku}

1) 「ない」와 연결되어 부정(否定)의 형식을 만들거나, 동사 앞에 놓여 부사적 수식어로 쓰인다.

その問題は別にむずかしくない。(그 문제는 별로 어렵지 않다.)
急に気分が悪くなった。(갑자기 기분이 나빠졌다.)
この歌は人の心を切なくする。(이 노래는 사람의 마음을 애닮게 한다.)
もっと高く飛べればいいのに。(더 높이 날 수 있으면 좋을 텐데.)
ハムを厚く切りました。(햄을 두껍게 썰었습니다.)

2) 절과 절을 병렬적으로 접속할 때 쓰인다.

この小説は厚く、文字も小さいので読みづらい。
(이 소설은 두껍고 글자도 작아서 읽기 힘들다.)
この部屋は狭く、暗いのでとても人が住むところではない。
(이 방은 좁고 어두워서 도저히 사람이 살 곳은 아니다.)
血色はよく、目はさえざえとしていた。
(혈색은 좋고, 눈은 맑디맑았다.)

● くて형「ーくて」

어간에 어미 {-kute}가 붙어 이루어지는 형태이다. 주로 절과 절을 병렬관계, 혹은 인과관계로 접속할 때 쓰인다. {A-kute}

この部屋は広くて明るい。
(이 방은 넓고 밝다.)
東京タワーは高くてきれいな建物だ。
(도쿄 타워는 높고 멋진 건물이다.)
この季節の天気は暖かくて気持ちがいい。
(이 계절의 날씨는 따뜻해서 기분이 좋다.)
あまりにも白くて目が痛かった。
(너무나 하얘서 눈이 아팠다.)

● 가정형(假定形)「ーければ」

어간에 어미 {-kereba}가 붙어 이루어진다. 가정조건(假定條件)의 종속절을 이끄는 활용형이다. 어떤 상황을 임시로 설정하는(=가정하는) 경우에 쓰인다. {A-kereba}

寂しければ電話してよ。(외로우면 전화해.)
彼が強ければ負けるわけがない。(그가 강하면 질 까닭이 없어.)
寒ければ服をもっと着なさい。(추우면 옷을 더 입어요.)
よければ、今度は私の家で夕食をさしあげたいのですが。

(괜찮으시면, 다음에는 우리 집에서 저녁식사를 대접하고 싶습니다만.)

● **조건형(條件形)「ーかったら」**

어간에 어미 {-kattara}가 붙어 이루어진다. 확정조건(確定条件)의 종속절을 이끄는 활용형이다. 어떤 상황을 확정적인 것으로서 상정하는 경우에 쓰인다. {A-kattara}

寂しかったらいつでも来てね。
(쓸쓸하면 언제라도 와.)
よかったら、私たちと遊ばないか。
(괜찮다면 우리들과 놀지 않겠어?)
今週の日曜日暖かかったら遊園地に行きたい。
(이번 주 일요일 따뜻하면 유원지에 가고 싶다.)
彼の背がもっと高かったらモデルになったと思う。
(그의 키가 좀더 컸으면 모델이 됐을 거라 생각한다.)

● **열거형(列擧形)「ーかったり」**

어간에 어미 {-kattari}가 붙은 형태이다. 접속형이며, 열거의 의미를 표현한다. {A-kattari}

この雑誌は厚かったり文字が小さかったりして読みづらい。

(이 잡지는 두껍기도 하고 글자가 작기도 하여 읽기 힘들다.)

時々寂しかったり何もかもが空しく感じられたりする。

(때때로 외롭기도 하고 모든 것이 허무하게 느껴지기도 한다.)

● な형용사의 활용 체계

기본형	きれいだ kirei-da	종지, 비과거, 단정
과거형	きれいだった kirei-datta	종지, 연체수식, 과거, 단정
추정형	きれいだろう kirei-daroo	종지, 추정(推定)
연체형	きれいな kirei-na	연체수식
に형	きれいに kirei-ni	연용수식
で형	きれいで kirei-de	중지, 접속
가정형	きれいなら(ば) kirei-nara(ba)	가정, 접속
조건형	きれいだったら kirei-dattara	조건, 접속
열거형	きれいだったり kirei-dattari	열거, 접속

● 기본형「ーだ」

어간에 어미 {-da}가 붙은 형태이다. 종지형 술어로 쓰이며. 단정(斷定)의 기분을 표현하고, 비과거 시제 기능을 가진다. {NA-da}

佐藤さんはハンサムで親切だ。(사토 씨는 핸섬하고 친절하다.)

受験が終わってわたしは暇だ。(시험이 끝나서 나는 한가하다.)

この町はにぎやかだ。(이 동네는 번화하다.)

私は映画が好きだ。(나는 영화를 좋아한다.)

● 과거형「ーだった」

어간에 어미 {-datta}가 붙은 형태이다. 종지형 술어로 쓰이며, 단정(斷定)의 기분을 표현하고, 과거 시제 기능을 가진다. 연체수식어로도 쓰인다. {NA-datta}

戦争が起こる前はあの町もきれいだった。
(전쟁이 일어나기 전에는 저 동네도 멋졌다.)
初めて会ったときは親切だったが、今は態度が全然ちがう。
(처음 만났을 때는 친절했지만, 지금은 태도가 전혀 다르다.)
頑固だった父がついに私たちの結婚を許してくれた。
(완고했던 아버지가 마침내 우리들의 결혼을 허락해 주었다.)
僕は彼女のことが好きだった。
(나는 그녀에 관한 것을 좋아했다.)

● 추정형「ーだろう」

어간에 어미 {-daroo}가 붙은 형태이다. 종지형으로 쓰이며, 추정(推定)의 기분을 표현한다. {NA-daroo}

新しい先生は親切だろう。
(새로운 선생님은 친절하겠지.)
この家は森の近くだから静かだろう。
(이 집은 숲 근처이니까 조용하겠지.)

試験も終わったから今週末は暇だろう。
(시험도 끝났으니 이번 주말은 한가하겠지.)

● 연체형(連體形)「ーな」

어간에 어미 {-na}가 붙은 형태이다. 연체수식어로 쓰이며, 비과거형이다. {NA-na}

この町は大阪の中でも一番にぎやかな所だ。
(이 동네는 오사카 안에서도 가장 번화한 곳이다.)
琵琶湖は深くて静かな湖だ。
(비와 호는 깊고 조용한 호수이다.)
自分のことに熱心なのはいいことだ。
(자기 일에 열심인 것은 좋은 일이다.)
あの人は派手な色の服ばかり着る。
(저 사람은 화려한 색의 옷만 입는다.)

● に형「ーに」

어간에 어미 {-ni}가 붙은 형태이다. 동사 앞에서 연용수식어(=부사적 수식어)로 쓰인다. {NA-ni}

この花はきれいに育った。(이 꽃은 예쁘게 자랐다.)
愛は不意におとずれる。(사랑은 뜻하지 않게 찾아온다.)

あの問題を簡単に解決した。(그 문제를 간단히 해결했다.)
北海道に行ってすぐ病気になった。(홋카이도에 가서 곧 병이 났다.)

● で형「ーで」

어간에 어미 {-de}가 붙은 형태이다. 절(節)을 접속하거나, 보조동사「ある」나 보조형용사「ない」 앞에서 쓰인다. {NA-de}

あの人はまじめでやさしい。(저 사람은 성실하고 상냥하다.)
ここは静かで、ずっといたい。(여기는 조용해서 죽 있고 싶다.)
久しぶりに暇で、買物に行った。(오랜만에 한가해서 쇼핑하러 갔다.)
その表現は簡潔である。(그 표현은 간결하다.)
この問題はそれほど簡単ではない。(이 문제는 그다지 간단하지 않다.)

● 가정형(假定形)「ーなら(ば)」

어간에 어미 {-nara(ba)}가 붙은 형태이다. 접속 형태로 쓰이며, 어떤 상황을 가정(假定)하는 경우에 사용한다. {NA-nara(ba)}

その条件が無理なら、もう一度考えてみます。
(그 조건이 무리라면 다시 한 번 생각해 볼게요.)

今週末暇なら一緒に花見に行きませんか。

(이번 주말 한가하면 함께 꽃구경하러 가지 않겠어요?)

● 조건형(條件形)「ーだったら」

어간에 어미 {-dattara}가 붙은 형태이다. 확정조건의 종속절을 이끄는 활용형이다. 어떤 상황을 확정적(確定的)인 것으로 상정하는 용법을 가진다. {NA-dattara}

あのパソコンが便利だったらもっと使ったかもしれない。

(저 퍼스컴이 편리했다면 좀 더 사용했을지도 모른다.)

私がもうちょっときれいだったらあんな男にふられることはなかっただろう。

(내가 조금 더 예뻤더라면 저런 남자에게 채일 일은 없었겠지.)

君がもうちょっと熱心だったら結果は変わっていたはずだ。

(자네가 좀 더 열심히 했다면 결과는 달라져 있었을 거야.)

彼の気持ちが本気だったらよかったのに。

(그 사람 마음이 진심이었다면 좋았을 텐데.)

● 열거형(列擧形)「ーだったり」

어간에 어미 {-dattari}가 붙은 형태이다. 접속형이며, 열거의 의미를 표현한다. {NA-dattari}

コンピューターの説明が複雑だったり難しかったりする。
(컴퓨터의 설명이 복잡하기도 하고 어렵기도 하다.)
ここで奉仕している学生たちは人相もよくて親切だったりした。
(여기서 봉사하고 있는 학생들은 인상도 좋고 친절하기도 했다.)

● な형용사 정중형 「ーです」의 활용

– 지정사(指定詞) 「です」의 활용과 동일한 패턴을 취한다. な형용사 어간에 부가된다는 점에서 명사에 결합하는 지정사 「です」와는 성격에 차이가 있다고 할 수 있다. 그렇지만 な형용사 어간이 명사적 성격이 강한 것이라는 점을 생각하면, 결국 두 가지가 같은 것에서 비롯되었다고 말할 수 있겠다.

기본형	ーです
과거형	ーでした
추정형	ーでしょう
て형	ーでして
조건형	ーでしたら
열거형	ーでしたり

佐藤さんはハンサムで親切です。
(사토 씨는 핸섬하고 친절합니다.)
戦争が起こる前はあの町もきれいでした。
(전쟁이 일어나기 전에는 저 동네도 멋졌습니다.)

この家は森の近くだから静かでしょう。

(이 집은 숲 근처이니까 조용하겠지요.)

あの人はまじめでしてやさしいです。

(저 사람은 성실하고 상냥합니다.)

彼の気持ちが本気でしたらよかったと思います。

(그 사람 마음이 진심이었다면 좋았을 거라 생각합니다.)

4. 명사 술어 문

명사(名詞)란, '사물에 붙여진 이름에 해당하는 말'이라는 뜻이다. 그러나 이러한 규정만으로는 명사라는 범주에 해당하는 말을 가려내기 어렵다. 사실, 모든 말들이 어떤 대상이나 현상 등에 붙여진 이름이라 할 수 있기 때문이다.

명사라는 범주를 의미(意味)만을 기준으로 해서 규정하기는 어렵다. 형태적인 특성이나 문법적인 기능 등을 고려해야만 비로소 가능해진다. 일본어에서 명사가 지니는 형태적인 특징은 활용하지 않고 항상 고정된 형태로 쓰인다는 점이다. 문법적인 특징으로는, 「が」, 「を」, 「に」 등 문법적 관계를 표지해 주는 조사들과 결합하여 주어, 목적어 등의 문 구성 성분을 이룰 수 있으며, 「だ」·「です」와 같은 소위 지정사(指定詞)와 결합해 문의 술어가 될 수 있다는 점 등이다. 조사 「の」와 결합해 수식(修飾) 성분이 될 수 있다는 것도 명사의 특징이 될 수 있다.

명사는 흔히 보통명사(普通名詞), 고유명사(固有名詞), 대명사(代名詞), 수사(數詞), 형식명사(形式名詞) 등으로 구분해 볼 수 있다. 보통명사는 그것이 적용될 수 있는 지시 대상이 폭넓게 존재하는 경우를 말하며, 고유명사는 인명(人名)이나 지명(地名) 등 지시하는 대상이 유일한 존재인 경우의 것을 말한다. 대명사는 어떤 명사를 대신하여 사용되는 명사를 말하는데 인칭대명사, 지시대명사, 의문대명사 등으로 구분해 볼 수 있다. 수사는 숫자를 나타내는 말로 명사적인 특성을 보인다. 형식명사는 반드시 수식어를 동반하여서만 쓰일 수 있는 제약을 보이며, 구체적 의미가 희박하고 형식적인 기능을 수행하는 명사들을 말한다.

보통명사 : ほん(本), ノート, つくえ(机), いす(椅子), き(木), 花, 犬, 猫, …

고유명사 : 太郎, 花子, ユリ, マリー, トム, チン, …

인칭대명사 : わたし(私), わたくし(私), ぼく(僕), おれ(俺) (1인칭)
あなた, きみ(君), おまえ(お前) (2인칭)
かれ(彼), かのじょ(彼女) (3인칭)
どなた, だれ(誰) (부정칭)

지시대명사 : これ, それ, あれ, どれ
ここ, そこ, あそこ, どこ
こちら, そちら, あちら, どちら

의문대명사 : なに, だれ, どなた, どれ, どこ, どちら, いつ

수사 : 一つ, 二つ, 三つ, 四つ, …
一本, 二匹, 三枚, 一羽, …

형식명사 : こと, の, もの, ところ, ため, よう(様), とおり, まま, …

■ 명사 술어 문의 기본 문형

명사가 술어(述語)가 되려면 반드시 '지정사(指定詞)' 「だ」나 「です」가 결합되어야 한다. 「だ」나 「です」는 자립어(自立語)로 쓰이지는 못 하고, 명사에 결합하여 그것을 문(文)의 술어로서 만들어 주는 것이 본래의 기능이다. 조동사(助動詞)의 하나로서 분류되기도 하고, 단독으로 하나의 품사로 설정하여 그 명칭을 '지정사(指定詞)' 혹은 '판정사(判定詞)로 부르기도 한다.

(1) (명사1)は (명사2)だ。

これは本だ。(이것은 책이다.)
わたしは学生だ。(나는 학생이다.)
マリーさんはアメリカ人だ。(마리 씨는 미국인이다.)
犬は動物だ。(개는 동물이다.)

- (명사1)에 대해, 그것이 무엇인지를 그 정체나 속성에 대해 설명하는 표현이다. (명사1)과 (명사2)는 지시적으로 동일 관계에 있거나, (명사1)이 (명사2)에 포함되는 관계인 경우가 많다.
- 명사 술어 문은 보통 제술문(題述文) 구조로 나타난다. 즉, 어떤 주제(「~は」)에 대해 어떤 정보가 진술(陳述)되는 식으로 발화가 이루어지는 것이다.

(1-1) (명사1)が (명사2)だ。

これが本だ。(이것이 책이다.)
わたしが学生だ。(내가 학생이다.)
マリーさんがアメリカ人だ。(마리 씨가 미국인이다.)

- (1 - 1)의 문형은 (명사1)에 조사「が」가 결합한 점이 다르다. 이 경우는 '(여러 가지 중에서) 오직 (명사1)이 ~'라는 의미를 표현하게 된다. (1) 문형과는 사용되는 맥락이 다른 것이다.「これが本だ」는 '(다른 것이 아닌) 이것이 책이다.'라는 의미를 표현하는 것이다.

(2) (명사1)は (명사2)です。

これは本です。(이것은 책입니다.)
わたしは学生です。(저는 학생입니다.)
マリーさんはアメリカ人です。(마리 씨는 미국인입니다.)
犬は動物です。(개는 동물입니다.)

- (2) 문형은 (명사2)에 지정사「だ」 대신「です」가 결합한 것으로, (1) 문형에 대해 정중한 표현 형식이 된다.

(2 - 1) (명사1)が (명사2)です。

- (2 - 1)도 (1 - 1)과 마찬가지로 '(다른 것이 아닌) 오직 (명사1)이 ~'이라는 의미를 표현

하게 된다.

■ 지정사「だ」의 활용

기본형	Nだ	종지, 비과거, 단정
과거형	Nだった	종지, 연체수식, 과거, 단정
추정형	Nだろう	종지, 추정
연체형	Nな	「のだ」,「ので」,「のに」 앞에서
で형	Nで	중지, 접속
なら(ば)	Nなら(ば)	가정, 접속
だったら형	Nだったら	조건, 접속
だったり형	Nだったり	열거, 접속

(*N은 명사를 표시)

● 기본형「Nだ」

문(文)을 끝맺는 종지형으로 쓰인다. 서술 내용에 대한 화자의 단정적 태도를 표현한다. 비과거형이다. 접속조사나 종조사 등이 결합된 형태로 흔히 쓰인다.

あれが富士山だ。(저것이 후지산이다.)
今日は私の誕生日だ。(오늘은 내 생일이다.)
この時計は父の形見だ。(이 시계는 아버지의 유품이다.)
紀子のつとめ先は週休二日制だから、土曜日は無人である。(恋144)

(노리코의 근무처는 주이틀 휴무제여서 토요일은 아무도 없다.)
「事情はわかりますが、どうもあの連中がしそうもない話だな」(恋150)
(사정은 알겠습니다만, 아무래도 저들 무리가 할 것 같지 않은 이야기네요.)

● 과거형「Nだった」

문의 종지형으로 쓰이며, 서술 내용을 과거(過去)의 것으로서 표현한다. 연체 수식절의 술어로서 쓰일 수 있고, 접속조사와 결합하여 접속문의 종속절을 이룰 수 있다. 문말 위치에서 종조사나 문말 조동사와 결합하여 나타나기도 한다.

彼は去年までは学生だった。(그는 작년까지는 학생이었다.)
昨日は友だちの誕生日だった。(어제는 친구의 생일이었다.)
この店の今日の売り上げは30万円だった。
(이 가게의 오늘 매상은 30만엔이었다.)
暑いけれど気持の良い一日だった。(風34)
(덥지만 기분 좋은 하루였다.)
おどろいてふり返ると、松崎由香子だった。(氷上148)
(놀라서 뒤돌아보니 마츠자키 유카코였다.)
十回くらいノックしてから今日が土曜日の夜だったことを思い出した。(ノ129)
(열 번 정도 노크하고 나서 오늘이 토요일 밤이었다는 것을 생각

해냈다.)

何処かで聴いたことのあるメロディーだったが、題名はなかなか浮かんではこなかった。(風49)

(어딘가에서 들은 적이 있는 멜로디였지만 제목은 좀처럼 떠오르지 않았다.)

● 추정형(推定形)「Nだろう」

문의 종지형으로 나타나며, 화자의 추정적 태도를 표현한다.

明日はたぶん雨だろう。(내일은 아마 비가 오겠지.)

あの人は日本人だろう。(저 사람은 일본인이겠지.)

その話、うそだろう。(그 이야기 거짓말이겠지.)

● 연체형(連體形)「Nな」

명사를 수식할 때의 형태이다. 다만, 나타날 수 있는 환경이 매우 제한적이어서, 「のだ」「ので」「のに」 등 「の」라는 요소 앞에서만 쓰일 수 있다.

姉の言うとおりなのだ。(누나가 말하는 대로다.)

きょう休みなのに出勤した。(오늘 휴일인데 출근했다.)

春なのにまだ寒い。(봄인데 아직 춥다.)

あしたは試験なので、今日は早くねます。

(내일은 시험이어서 오늘은 빨리 잡니다.)

いったい、どういう了簡なのか、彼は多佳子の気持をはかりかねた。(恋127)

(도대체 어떤 생각인 것인지, 그는 다카코의 기분을 헤아리기 어려웠다.)

● で형 「Nで」

접속형(接續形)으로 쓰이는 형태이다. 보조동사 「ある」나 부정(否定)의 보조형용사 「ない」와 연결될 때 쓰인다. 절과 절을 병렬적으로 연결할 때도 사용된다.

私は大学の学生で、3年生です。

(나는 대학교 학생이고 3학년생입니다.)

彼は著名な音楽家で、息子は詩人だ。

(그는 저명한 음악가이고, 아들은 시인이다.)

君はまだ学生である。

(자네는 아직 학생이다.)

マリーさんは学生ではなく、先生です。

(마리 씨는 학생이 아니고 선생님입니다.)

● 가정형 「Nなら」

もし明日雨なら、運動会はやめましょう。

(만약 내일 비가 내리면, 운동회는 취소합시다.)
スキーなら、私も大好きです。
(스키라면 나도 아주 좋아합니다.)
パソコンなら、ノート型がいいです。
(퍼스컴이라면 노트북이 좋아요.)

● 조건형「Nだったら」

私が男性だったら、海外に派遣されたのに。
(내가 남성이었으면 해외에 파견되었을 텐데.)
生け花だったら、日本の伝統だし、勉強にもなるよ。
(꽃꽂이였다면, 일본의 전통이고 공부도 되지.)
自分が女だったら、もう少しましな男を選ぶだろう。(ガ153)
(자기가 여자였으면 좀 더 나은 남자를 고르겠지.)

● 열거형「Nだったり」

アルバイトで来ている学生は、日によって男子学生だったり女子学生だったりします。
(아르바이트로 오는 학생은 날에 따라 남학생이거나 여학생이거나 합니다.)
私が買ったのはかばんだったり靴だったりしました。
(내가 산 것은 가방이거나 구두이거나 했습니다.)

■ 지정사「です」의 활용

기본형	Nです
과거형	Nでした
추정형	Nでしょう
て형	Nでして
조건형	Nでしたら
열거형	Nでしたり

● 기본형「Nです」

これは花です。(이것은 꽃입니다.)

彼は日本人です。(그는 일본인입니다.)

弟は大学生です。(남동생은 대학생입니다.)

● 과거형「Nでした」

きのうは母の誕生日でした。

(어제는 엄마의 생일이었습니다.)

先週末私が会ったのは友人の田中さんでした。

(지난 주말 내가 만난 것은 친구인 다나카 씨였습니다.)

動物園で見たのはキリンでした。

(동물원에서 본 것은 기린이었습니다.)

● 추정형「Nでしょう」

明日は晴れでしょう。(내일은 날이 맑겠지요.)

あの人は学生でしょう。(저 사람은 학생이겠지요.)

日本の食べ物の中で一番有名なのはすしでしょう。

(일본의 음식 중에서 가장 유명한 것은 스시겠지요.)

● て형 「Nでして」

彼は著名な音楽家でして、息子は詩人です。

(그는 저명한 음악가이고, 아들은 시인입니다.)

「まだあの頃の浦和は今と違ってひどい田舎町でしてね」(ガ86)

(아직 그 무렵의 우라와는 지금과 달라 무척 시골이어서요.)

● 조건형 「Nでしたら」

私が男性でしたら、海外に派遣されたのに。

(제가 남자였으면 해외에 파견되었을 텐데요.)

生け花でしたら、日本の伝統だし、勉強にもなります。

(꽃꽂이였다면, 일본의 전통이기도 하고, 공부도 됩니다.)

● 열거형 「Nでしたり」

アルバイトで来ている学生は、日によって男子学生でしたり女子学生でしたりします。

(아르바이트로 오는 학생은 날에 따라 남학생이거나 여학생이거나 합니다.)

5. 조동사(助動詞)와 복합 술어 형식

조동사(助動詞)란 문의 술어 성분에 결합하여 일정한 문법적 기능을 수행하는 말의 요소이다. 단독으로 문절(文節)을 이룰 수 없고, 선행 동사 · 형용사에 부속되어 쓰일 수 있는 것이지만, 형태 및 의미 면에서 단어로서의 존재감이 비교적 분명한 것이라 할 수 있다. 조사(助詞)와 함께 부속어(附屬語)로 분류되는 것이다. 조동사는 활용(活用)을 하는 특징도 가지고 있다. 일본어에는 많은 조동사들이 나타나는데, 그것들은 형태 혹은 의미(문법적 기능)를 기준으로 분류해 볼 수 있다.

형태에 따른 유형

- 동사형 : 「ます」, 「られる(れる)」, 「させる(せる)」
- い형용사형 : 「ない」, 「たい」, 「らしい」
- な형용사형 : 「そうだ」, 「ようだ」, 「みたいだ」, 「はずだ」, 「のだ」, 「わけだ」, 「べきだ」, 「ものだ」, 「ことだ」

• 지정사(指定詞)형 : 「だろう」, 「です」, 「でしょう」
• 기타 : 「まい」

문법적 기능에 따른 구분

• 부정(否定) : 「ない」
• 정중(丁重) : 「ます」, 「です」
• 수동(受動) : 「られる(れる)」
• 사역(使役) : 「させる(せる)」
• 원망(願望) : 「たい」
• 양태(様態) : 「そうだ」
• 추량(推量) : 「だろう/でしょう」
「ようだ」, 「みたいだ」, 「はずだ」
「らしい」
• 설명(説明) : 「のだ」, 「わけだ」
• 당위(當爲) : 「べきだ」, 「ものだ」, 「ことだ」

■ 조동사의 접속 및 활용

일본어에서 조동사는 문의 술어(동사 · 형용사 · 명사 술어)를 선행 요소로 하여 그것에 접속하는 문법적 요소이다. 조동사가 접속함으로써 술어는 형식과 의미의 양면에서 확장되는 것이다.

조동사에 따라 동사와만 접속하는 것이 있는가 하면, 동사나 형용사 및 명사 술어와도 접속할 수 있는 것도 있다. 한편, 선행 요소와의 접속 방식도 모두 일정한 것은 아니며, 조동사에 따르는 각각의 특징을 가진다. 한 문의 내부에서 술어와 직접 결합하는 경우가 있는가 하면, 문말(文末)에 나타나 문의 경계를 사이에 두고 결합하는 경우도 있다.

● 부정(否定) 조동사 「ない」

접속

- 동사와만 접속한다.
- 1군 동사(자음어간동사)의 경우, 동사의 어미가 -a가 되면서 거기에 「ない」가 결합한다. 가령, 「行く(ik-u)」인 경우 「行か(ik-a)」 형태를 취하면서 「ない」가 결합하는 것이다. 2군 동사(모음어간동사)의 경우, zero(ø) 어미가 되면서 동사 어간에 바로 「ない」가 결합한다. 가령, 「食べる(tabe-ru)」인 경우 「食べ(tabe)」 형태를 취하면서 「ない」가 결합하는 것이다.

行く(ik-u) : 行かない(ik-a+nai)
食べる(tabe-ru) : 食べない(tabe-ø+nai)

1군 동사 접속 예 : 会わない, 書かない, 話さない, 待たない, 遊ばない, …
2군 동사 접속 예 : 起きない, 見ない, 食べない, 出ない, 考えない, …

- 3군 동사(불규칙동사)의 경우, 「来る(kuru)」는 「来ない(ko+nai)」, 「する(suru)」는 「しない(si+nai)」가 된다.

활용

- 「ない」는 い형용사 활용 양식에 맞추어 활용을 하게 된다.

～ない	行かない	飲まない	見ない	食べない
～なかった	行かなかった	飲まなかった	見なかった	食べなかった
～なく	行かなく	飲まなく	見なく	食べなく
～なくて	行かなくて	飲まなくて	見なくて	食べなくて
～なければ	行かなければ	飲まなければ	見なければ	食べなければ
～なかったら	行かなかったら	飲まなかったら	見なかったら	食べなかったら
～なかったり	行かなかったり	飲まなかったり	見なかったり	食べなかったり

● **정중(丁重) 조동사「ます」**

접속

- 동사와만 접속한다.
- 1군 동사의 경우, 동사의 어미가 -i가 되면서, 즉 중지형(中止形) 어미가 되면서 거기에 「ます」가 결합한다. 가령, 「行く(ik-u)」인 경우 「行き(ik-i)」 형태를 취하면서 「ます」가 결합하는 것이다. 2군 동사의 경우, 마찬가지로 동사의 중지형(어미는 zero)에 「ます」가 결합한다. 가령, 「食べる(tabe-ru)」인 경우 「食べ(tabe)」

형태를 취하면서 「ます」가 결합하는 것이다.

行く(ik-u) : 行きます(ik-i+masu)
食べる(tabe-ru) : 食べます(tabe- ø +masu)

1군 동사 접속 예 : 会います, 書きます, 話します, 待ちます, 遊びます, …
2군 동사 접속 예 : 起きます, 見ます, 食べます, 出ます, 考えます…

- 3군 동사(불규칙동사)의 경우, 「来る(kuru)」는 「来ます(ki+masu)」, 「する(suru)」는 「します(si+masu)」가 된다.

활용

- 「ます」는 1군 동사의 활용 양식에 맞추어 활용을 하게 된다.

~ます	行きます	飲みます	見ます	食べます
~ました	行きました	飲みました	見ました	食べました
~ましょう	行きましょう	飲みましょう	見ましょう	食べましょう
~まして	行きまして	飲みまして	見まして	食べまして
~ましたら	行きましたら	飲みましたら	見ましたら	食べましたら

● 수동(受動) 조동사「られる(れる)」

접속

- 동사와만 접속한다.
- 1군 동사의 경우, 동사의 어미가 -a가 되면서 거기에「れる」(「られる」의 이형태)가 결합한다. 가령,「書く(kak-u)」인 경우「書か(kak-a)」형태를 취하면서 거기에「れる」가 결합하는 것이다. 2군 동사의 경우, zero 어미가 되면서 동사 어간에 바로「られる」가 결합한다. 가령,「食べる(tabe-ru)」인 경우「食べ(tabe)」형태를 취하면서「られる」가 결합하는 것이다.

書く(kak-u) : 書かれる(kak-a+reru)
食べる(tabe-ru) : 食べられる(tabe-ø +rareru)

1군 동사 접속 예 : 言われる, 書かれる, 殺される, たのまれる, しかられる、…
2군 동사 접속 예 : 見られる, 考えられる, 食べられる, かけられる, …

- 3군 동사(불규칙동사)의 경우,「来る(kuru)」는「来られる(ko+rareru)」,「する(suru)」는「される(sareru)」가 된다.

활용

-「られる(れる)」는 2군 동사의 활용 양식에 맞추어 활용을 하게 된다.

~れる/られる	言われる	しかられる	見られる	食べられる
~れた/られた	言われた	しかられた	見られた	食べられた
~れ/られ	言われ	しかられ	見られ	食べられ
~れて/られて	言われて	しかられて	見られて	食べられて
~れれば/られれば	言われれば	しかられれば	見られれば	食べられれば
~れたら/られたら	言われたら	しかられたら	見られたら	食べられたら
~れたり/られたり	言われたり	しかられたり	見られたり	食べられたり

● **사역(使役) 조동사「させる(せる)」**

접속

- 동사와만 접속한다.
- 1군 동사의 경우, 동사의 어미가 -a가 되면서 거기에「せる」(「させる」의 이형태)가 결합한다. 가령,「書く(kak-u)」인 경우「書か(kak-a)」 형태를 취하면서 거기에「せる」가 결합하는 것이다. 2군 동사의 경우, zero 어미가 되면서 동사 어간에 바로「させる」가 결합한다. 가령,「食べる(tabe-ru)」인 경우「食べ(tabe)」 형태를 취하면서「させる」가 결합하는 것이다.

書く(kak-u) : 書かせる(kak-a+seru)

食べる(tabe-ru) : 食べさせる(tabe- ø +saseru)

1군 동사 접속 예 : 行かせる, 書かせる, 立たせる, 飲ませる, 話させる, …

2군 동사 접속 예 : 起きさせる, 見させる, 食べさせる, 寝させる, …

- 3군 동사(불규칙동사)의 경우, 「来る(kuru)」는 「来させる(ko+saseru)」, 「する(suru)」는 「させる(saseru)」가 된다.

활용

-「させる(せる)」는 2군 동사의 활용 양식에 맞추어 활용하게 된다.

～せる/させる	行かせる	立たせる	見させる	食べさせる
～せた/させた	行かせた	立たせた	見させた	食べさせた
～せ/させ	行かせ	立たせ	見させ	食べさせ
～せて/させて	行かせて	立たせて	見させて	食べさせて
～せれば/させれば	行かせれば	立たせれば	見させれば	食べさせれば
～せたら/させたら	行かせたら	立たせたら	見させたら	食べさせたら
～せたり/させたり	行かせたり	立たせたり	見させたり	食べさせたり

● 원망(願望)의 조동사「たい」

접속

– 동사와만 접속한다.

– 1군 동사의 경우, 동사의 어미가 -i가 되면서, 즉 중지형(中止形) 어미가 되면서 거기에「たい」가 결합한다. 가령,「行く(ik-u)」인 경우「行き(ik-i)」형태를 취하면서「たい」가 결합하는 것이다. 2군 동사의 경우, 마찬가지로 동사의 중지형(어미는 zero)에「たい」가 결합한다. 가령,「食べる(tabe-ru)」인 경우「食べ(tabe)」형태를 취하면서「たい」가 결합하는 것이다.

行く(ik-u)：行きたい(ik-i+tai)
食べる(tabe-ru)：食べたい(tabe-ø+tai)

1군 동사 접속 예：行きたい, 話したい, 待ちたい, 飲みたい, 乗りたい, …
2군 동사 접속 예：起きたい, 見たい, 食べたい, 寝たい, …

활용

–「たい」는 い형용사 활용 양식에 맞추어 활용한다.

~たい	行きたい	飲みたい	見たい	食べたい
~たかった	行きたかった	飲みたかった	見たかった	食べたかった
~たく	行きたく	飲みたく	見たく	食べたく
~たくて	行きたくて	飲みたくて	見たくて	食べたくて
~たければ	行きたければ	飲みたければ	見たければ	食べたければ
~たかったら	行きたかったら	飲みたかったら	見たかったら	食べたかったら
~たかったり	行きたかったり	飲みたかったり	見たかったり	食べたかったり

● 양태(様態)의 조동사「そうだ」

접속

- 동사 및 형용사와 접속한다.
- 동사에 접속하는 경우, 동사의 중지형(中止形)에「そうだ」가 결합한다. 형용사에 접속하는 경우, 형용사(い형용사 및 な형용사)의 어간에「そうだ」가 결합한다.

行く(ik-u) : 行きそうだ(ik-i+sooda)
食べる(tabe-ru) : 食べそうだ(tabe- ø +sooda)
おいしい(oisi-i) : おいしそうだ(oisi+sooda)
親切だ(sinsetsu-da) : 親切そうだ(sinsetsu+sooda)

동사 접속 예 : 帰りそうだ, 泣きそうだ, 乗りそうだ, 落ちそうだ, できそうだ, …
형용사 접속 예 : 寒そうだ, 高そうだ, 重そうだ, まじめそうだ,

静かそうだ, …

활용

-「そうだ」는 な형용사의 활용 양식에 맞추어 활용한다.

~そうだ	泣きそうだ	帰りそうだ	落ちそうだ	できそうだ
~そうだった	泣きそうだった	帰りそうだった	落ちそうだった	できそうだった
~そうな	泣きそうな	帰りそうな	落ちそうな	できそうな
~そうに	泣きそうに	帰りそうに	落ちそうに	できそうに
~そうなら	泣きそうなら	帰りそうなら	落ちそうなら	できそうなら

■ 문말(文末) 조동사

한 문(文)의 끝에 부가되어 쓰이는 조동사를 말한다. 즉, 하나의 문이 완전한 형태로 끝맺은 후 이어서 부가되는 것이다. 따라서 문말 조동사에 선행하는 술어(동사 · 형용사)의 경우 종지형, 즉 기본형이나 과거형을 취하게 된다. 명사 술어의 경우, 「Nな」, 「Nの」, 「N」으로 나타나거나, 과거형 「Nだった」로 나타난다.

●「です」

-い형용사 술어 문의 끝에 부가되어 정중체 문형을 만들어 준다.

このかばんは高いです。

きょうは寒くないです。
文法のテストは難しかったです。
今日はあまり寒くなかったです。

- 이 경우의 「です」는 더 활용하지 않는다.
- 명사 술어를 구성하는 데 관여하는 지정사(指定詞) 「です」에서 비롯된 것으로, 형용사 술어 문을 정중체로 만들어 주는 조동사로서 문법화된 것이라 할 수 있다.

● 「だろう」/「でしょう」

- 동사 · 형용사 · 명사 술어 문의 문말에 부가되어 추정(推定) 표현으로 만들어 준다. 선행문의 술어로서 기본형과 과거형의 어느 쪽이건 결합 가능하다. 명사 술어의 경우 명사에 바로 결합한다. 「でしょう」는 「だろう」에 대한 정중체 형태가 된다.

彼はたぶんパーティーに来るだろう(でしょう)。
あしたは少し寒いだろう(でしょう)。
マリーさんはアメリカ人だろう(でしょう)。
彼はきっと会議に出席しただろう(でしょう)。
恐らくそんなことは起らなかっただろう(でしょう)。
きっと彼はまじめな人だったんだろう(でしょう)。

- 명사 술어를 구성하는 지정사 「だ」 · 「です」의 추정형인 「だろう」

·「でしょう」가 문말 조동사로서 문법화된 것이라 할 수 있다. 명사에 결합한 경우 지정사의 추정형으로 볼 수도 있겠다.

●「ようだ」

–동사 · 형용사 · 명사 술어 문의 문말에 부가되어 추정(推定) 표현을 만든다. 직접 보거나 들은 정보에 입각한 추정의 경우이다. 명사 술어에 연결될 경우「Nのようだ」의 형식을 취한다.

マリーさんは昨夜のパーティーに出席したようだ。
あの人は最近健康が良くないようだ。
その人ほんとうにまじめな人のようだ。

–「～ようだ」, 「～ようだった」, 「～ような」, 「～ように」, 「～ようで」, 「～ようなら」 등으로 활용한다.

●「みたいだ」

–동사 · 형용사 · 명사 술어 문의 문말에 부가되어 추정(推定) 표현을 만든다. 「ようだ」와 용법에 있어 흡사하며 보다 구어적인 표현이다. 명사 뒤에는 바로 결합한다.

あの岩は人の顔みたいだ。
風邪をひいたみたいだ。

–「～みたいだ」,「～みたいだった」,「～みたいな」,「～みたいで」,「～みたいに」등으로 활용한다.

●「らしい」

–동사 · 형용사 · 명사 술어 문의 문말에 부가되어 추정(推定) 표현을 만든다.「ようだ」와 흡사한 용법을 가지지만, 추정의 근거가 되는 정보의 획득 양태에 있어 차이를 보인다고 할 수 있다.「らしい」는 뉴스라든가 전해들은 바에 의한 간접적인 추정의 경우에 많이 쓰인다.

きのう北海道で地震があったらしい。
彼はこのごろ忙しいらしいよ。
その男、まるであほらしい。

–「～らしい」,「～らしかった」,「～らしく」등으로 활용한다.

●「のだ(んだ)」

–동사 · 형용사 · 명사 술어 문의 문말에 부가되어 사정(事情)이나, 근거 · 이유 따위를 '설명(説明)'하는 화자의 태도를 표현한다.「んだ」는 축약된 형태이다.
きょう早く家へ帰りたい。頭が痛いんだ。
遅れてごめんね。渋滞があったんだ。

–「～のだ」,「～のだった」로 나타난다.

● **「わけだ」**

–어떤 사태의 성립이 이치(理致)에 따르는 당연한 결과임을 표현할 때 쓰인다.

あ、窓があいている。寒いわけだ。

彼は5年も日本にいたのだから、日本語が上手なわけです。

–「わけだ」,「わけで(はない)」,「わけに(は行かない)」 등으로 나타난다.

● **「ものだ」**

–사물의 본질적인 속성에 대해 이야기할 때, 어떤 당연한 이치(理致)나 도리(道里)에 대해 말할 때 쓰인다. 과거의 어떤 사태에 대해 회상(回想)적으로 언급할 때에도 쓰인다.

子どもはいたずらをするものだ。

子どもの頃にはその湖でよく泳いだものです。

紀子は、サングラスの青年に救われたようなものだった。(恋146)

相手に捨てられたくらいで、死ななければならないものであろ

うか。(恋55)

–「ものだ」,「もので(ある)」,「ものだった」 등으로 나타난다.

● 「べきだ」

– 어떤 사태 성립의 당위성(當爲性) 혹은 사회적 책임성(責任性)을 표현하고자 할 때 사용된다.

忙しい日は朝早く起きるべきだ。
悪いと思ったらすぐあやまるべきだ。
これはみんなが考えるべき問題です。

–「べきだ」,「べき」,「べく」 등으로 나타난다.

● 「まい」

– 부정추측(否定推測) 혹은 부정의지(否定意志)를 표현한다.

どこへも行くまい。
君には何も言うまい。
楽観は許されまい。

– 활용하지 않는다.

6. 긍정(肯定)과 부정(否定)

긍정(肯定)이란 문(文)에 담기는 어떤 사태에 대한 서술 내용을 참(truth)으로서 인정하는 것을 말하며, 평서문(平叙文) 형식으로 표현된다. 부정(否定)이란 문의 서술 내용을 참(truth)이 아닌 것으로 인정하는 것이며, 부정문(否定文) 형식으로 표현되는 것이다. 일본어에서 부정문(否定文)은 평서문의 술어, 즉 동사 · 형용사 · 명사 술어를 부정(否定) 형식으로 바꾸어 줌으로써 만들어진다.

■ 동사의 부정형(否定形)

– 동사에 부정(否定)의 조동사「ない」가 접속하여 만들어진다.

〈1군 동사의 부정형〉

: 동사 어미가 -a로 끝나는 형태에 「ない(nai)」가 결합한다.

行く (ik-u) → 行かない (ik-a+nai)

読む (yom-u) → 読まない (yom-a+nai)

乗る (nor-u) → 乗らない (nor-a+nai)

〈2군 동사의 부정형〉

: 동사 어간(어미는 zero - ø)에 「ない(nai)」가 결합한다.

食べる (tabe-ru) → 食べない (tabe- ø +nai)

寝る (ne-ru) → 寝ない (ne- ø +nai)

起きる (oki-ru) → 起きない (oki- ø +nai)

見る (mi-ru) → 見ない (mi- ø +nai)

〈3군 동사의 부정형〉

来る(kuru) → 来ない(ko+nai)

する(suru) → しない(si+nai)

勉強する → 勉強しない

ex. 今週末、どこかへ行く？ (이번 주말, 어디 가?)

—いえ、どこへも行かない。(아니, 아무데도 안 가.)

ぼくは、肉は食べない。(나는 고기는 먹지 않는다.)

彼はあまり勉強しない。(그는 그다지 공부하지 않는다.)

● 동사의 과거 · 부정형

– 동사의 과거형 V-ta에서 직접 부정형을 도출할 수 없다. 동사 부정형 「Vない」를 과거형으로 활용한 「Vなかった」를 사용한다. 조동사 「ない」를 「なかった」로 활용한 것이다.

〈1그룹 동사의 과거 · 부정형〉

行かない	行かなかった
読まない	読まなかった
乗らない	乗らなかった

〈2그룹 동사의 과거 · 부정형〉

食べない	食べなかった
寝ない	寝なかった
起きない	起きなかった
見ない	見なかった

〈3그룹 동사의 과거 · 부정형〉

来ない	来なかった
しない	しなかった
勉強しない	勉強しなかった

ex. 先週末は、どこへも行かなかった。
(지난 주말에는 아무데도 가지 않았다.)
お腹をこわしたので、なにも食べなかった。

(뱃속이 좋지 않아서 아무것도 먹지 않았다.)

レイコさんはにっこりと笑ったが、何も言わなかった。(ノ30)

(레이코 씨는 빙그레 웃었지만, 아무 말도 하지 않았다.)

雲母は容易に母のことばを信じなかった。(恋73)

(운모는 엄마의 말을 쉬이 믿지 않았다.)

■ 형용사의 부정형(否定形)

- い형용사의 경우 기본형 어미 -い를 -く로 교체하고, 그것에 부정(否定) 보조형용사(補助形容詞)「ない」를 결합시키면 된다.
- な형용사의 경우 기본형(종지형)의 어미 -だ를 -で로 교체하고, 그것에 부정(否定) 보조형용사(補助形容詞)「ない」를 결합시키면 된다. 보통 -で 다음에 조사「は」가 끼어들어「～ではない」형식을 취하게 된다.「～じゃない」의 축약된 형태로 흔히 쓰인다.

〈い형용사의 부정형〉

寒い (samu-i) → 寒くない (samu-ku+nai)

おもしろい (omosiro-i) → おもしろくない (omosiro-ku+nai)

〈な형용사의 부정형〉

きれいだ (kirei-da) → きれいではない (kirei-de+wa+nai)

静かだ (sidzuka-da) → 静かではない (sidzuka-de+wa+nai)

ex. 今日は、きのうより寒くない。(오늘은 어제보다 춥지 않다.)
　　この映画はあまりおもしろくない。(이 영화는 그리 재미있지 않다.)
　　あの人はまじめではない。(저 사람은 성실하지 않다.)
　　この町はあまり静かではない。(이 동네는 그다지 조용하지 않다.)

● **형용사의 과거 · 부정형**

- い형용사의 경우, 부정형 「〜くない」를 「〜くなかった」로 바꾸어 주면 된다. 보조형용사 「ない」를 과거형인 「なかった」로 활용하는 것이다.

寒くない	寒くなかった
おもしろくない	おもしろくなかった

- な형용사의 경우, 부정형 「〜ではない」를 「〜ではなかった」로 바꾸어 주면 된다. 「ない」를 「なかった」로 활용하는 것이다. 「〜じゃなかった」 형태로 흔히 쓰인다.

きれいではない	きれいではなかった
静かではない	静かではなかった

ex. きのうのレストランはあまりおいしくなかった。

(어제 레스토랑은 그리 맛있지 않았다.)

子どもの時わたしは野菜が好きではなかった。

(아이 때 나는 야채를 좋아하지 않았다.)

彼はそそられはしたが、ひと目でのぼせあがるほど若くはなかった。(恋124)

(그는 흥미를 돋우기는 했지만, 한 눈에 빠져들 정도로 젊지는 않았다.)

■ 명사 술어의 부정형(否定形)

- 명사 술어의 기본형인 「명사+だ」에서 지정사 「だ」를 「で」로 교체하고, 그것에 부정 보조형용사 「ない」를 결합시킨다. 보통 「で」 다음에 조사 「は」가 첨가되어 「～ではない」 형식을 취하게 된다. 「～じゃない」의 축약 형태로 흔히 쓰인다.

学生だ(gakusei+da) → 学生ではない(gakusei+de+wa+nai)

無理だ(muri+da) → 無理ではない(muri+de+wa+nai)

ex. あの人、学生なの？ ―いや、学生ではない。

(저 사람, 학생이야? ―아니, 학생 아니야.)

やっぱり無理かな。―いえ、無理じゃないよ。

(역시 무리일까. ―아니, 무리 아니야.)

● 명사 술어의 과거 · 부정형

学生ではない	学生ではなかった
無理ではない	無理ではなかった

ex. あの人、学生だったの？ーいや、学生じゃなかった。
(저 사람, 학생이었어? —아니, 학생 아니었어.)
やっぱり無理だったかな。ーいや、無理じゃなかった。
(역시 무리였을까. —아니, 무리 아니었어.)

■ 조동사 「ない」 · 보조형용사 「ない」의 활용

– 동사를 부정형(否定形)으로 만들어 주는 조동사 「ない」나 형용사 · 명사 술어를 부정(否定) 형식으로 만들어 주는 보조형용사 「ない」나 모두 문법적으로 활용을 할 수 있다. 양자 모두 い형용사 활용패턴에 따라 활용하게 된다.

～ない	行かない	食べない
～なかった	行かなかった	食べなかった
～なく	行かなく	食べなく
～なくて	行かなくて	食べなくて
～なければ	行かなければ	食べなければ
～なかったら	行かなかったら	食べなかったら
～なかったり	行かなかったり	食べなかったり

～ない	寒くない	静かではない	学生ではない
～なかった	寒くなかった	静かではなかった	学生ではなかった
～なく	寒くなく	静かではなく	学生ではなく
～なくて	寒くなくて	静かではなくて	学生ではなくて
～なければ	寒くなければ	静かではなければ	学生ではなければ
～なかったら	寒くなかったら	静かではなかったら	学生ではなかったら
～なかったり	寒くなかったり	静かではなかったり	学生ではなかったり

7. 보통체(普通体)와 정중체(丁重体)

말할 때나 글을 쓸 때 듣거나 읽는 상대(청자, 독자)에 대해 어느 정도의 정중함을 표현 하는가에 따른 문체상의 차이를 말한다. 일본어에서는 '보통체(普通体)'와 '정중체(丁重体)'로 구분하는 것이 일반적이다.

'보통체'란 서로 친밀한 관계에서 편하게 사용되는 말투로서 친구들 간에, 가족 간에 자주 쓰인다. '정중체'란 상대에게 정중함을 표현하는 말투로 자신보다 사회적 지위가 높거나, 친밀한 관계에 있지 않은 상대에게 사용한다. 보통체와 정중체의 구별은 술어(述語) 형식에 의해 이루어진다.

■ 동사의 보통형(普通形)과 정중형(丁重形)

보통형

- 동사의 기본형과 과거형을 사용한다.

どこへ行く？ (어디 가?)

一学校へ行く。(학교에 가.)

何にする？ (무얼로 할 거야?)

一うどんにする。(우동으로 할 거야.)

ご飯、食べた？ (밥 먹었어?)

一うん、食べた。(응, 먹었어.)

정중형

- 동사「~ます」형을 사용한다.

どこへ行きますか？ (어디 가십니까?)

一学校へ行きます。(학교에 갑니다.)

何にしますか？ (무얼로 하시겠어요?)

一うどんにします。(우동으로 하겠어요.)

ご飯、食べましたか？ (밥 먹었습니까?)

一はい、食べました。(예, 먹었습니다.)

● 동사「~ます」형 만들기

〈1군 동사(자음어간동사)의 경우〉

– 동사의 중지형(中止形)(어미는 -i)에 정중 조동사 「ます(masu)」를 결합시킨다.

行く(ik-u) → 行きます(ik-i+masu)
飲む(nom-u) → 飲みます(nom-i+masu)
乗る(nor-u) → 乗ります(nor-i+masu)
話す(hanas-u) → 話します(hanas-i+masu)
遊ぶ(asob-u) → 遊びます(asob-i+masu)

〈2군 동사(모음어간동사)의 경우〉

– 동사의 중지형(中止形)(어미는 zero(ø))에 「ます(masu)」를 결합시킨다. 어미가 zero이기 때문에 동사 어간 형태에 직접 결합하게 된다.

食べる(tabe-ru) → 食べます(tabe-ø+masu)
寝る(ne-ru) → 寝ます(ne-ø+masu)
起きる(oki-ru) → 起きます(oki-ø+masu)
見る(mi-ru) → 見ます(mi-ø+masu)

〈3군 동사(불규칙동사)의 경우〉

来る(kuru) → 来ます(ki+masu)

する(suru) → します(si+masu)

発表する → 発表します

● 조동사「ます」의 활용

조동사 「ます」는 활용(活用)을 하는데, 즉 「ます」(기본형), 「ました」(과거형), 「ましょう」(의지형), 「まして」(접속형, て형), 「ましたら」(조건형), 「ましたり」(열거형) 등 용법에 따른 형태 변화를 하게 된다. 「ませ」(명령형, 혹은 부정형에서)로 나타나기도 한다.

▸「Vました」 정중체 과거형 ~했습니다

今朝パンと牛乳を食べました。(오늘 아침 빵과 우유를 먹었습니다.)

授業はもう始まりました。(수업은 벌써 시작되었습니다.)

私は一年間日本に住みました。(나는 1년간 일본에 살았습니다.)

▸「Vましょう」 정중체 의지형(권유형) ~합시다

いっしょにランチを食べましょう。(함께 점심을 먹읍시다.)

さあ、みんなで歌を歌いましょう。(자, 모두 함께 노래를 부릅시다.)

今週の週末に花見に行きましょう。(이번 주말에 꽃구경하러 갑시다.)

▸「Vません」정중체 부정형 ~하지 않습니다

今度の夏休みには国へ帰りません。
(이번 여름방학에는 귀국하지 않습니다.)
私は朝食を食べません。
(저는 아침식사를 하지 않습니다.)
その人とはもう会いません。
(그 사람과는 이제 만나지 않습니다.)

▸「Vませんでした」정중체 과거 부정형 ~하지 않았습니다

先週の土曜日はどこもでかけませんでした。
(지난 주 토요일은 아무데도 나가지 않았습니다.)
兄はきのう家に帰ってきませんでした。
(형은 어제 집에 돌아오지 않았습니다.)
きのう学校に行きませんでした。
(어제 학교에 가지 않았습니다.)

■ 형용사의 보통형과 정중형

い형용사의 보통형

–기본형과 과거형을 사용한다.

この映画はおもしろい。(이 영화는 재미있다.)

これ、ほんとうにおいしい。(이것, 정말로 맛있다.)

きのうは寒かった。(어제는 추웠다.)

日本語の試験は難しかった。(일본어 시험은 어려웠다.)

い형용사의 정중형

– 기본형과 과거형 뒤에 「です」를 결합시킨다.

「~いです」와 「~かったです」

この映画はおもしろいです。(이 영화는 재미있습니다.)

これ、ほんとうにおいしいです。(이것, 정말로 맛있습니다.)

きのうは寒かったです。(어제는 추웠습니다.)

日本語の試験は難しかったです。(일본어 시험은 어려웠습니다.)

– い형용사의 부정(否定) 형식에 대한 정중체의 경우도 「です」를 결합시킨다.

「~くないです」, 「~くなかったです」

この映画はあまりおもしろくないです。(이 영화는 그리 재미있지 않습니다.)

日本語の試験は難しくなかったです。(일본어 시험은 어렵지 않았습니다.)

보조동사 「ある」의 정중체 부정형인 「ありません」을 이용해 「～くありません」, 「～くありませんでした」와 같이 표현할 수 있다.

この映画はあまりおもしろくありません。(이 영화는 그리 재미있지 않습니다.)
日本語の試験は難しくありませんでした。(일본어 시험은 어렵지 않았습니다.)

な형용사의 보통형

－기본형과 과거형을 사용한다.

この町は静かだ。(이 동네는 조용하다.)
あの人は有名だ。(저 사람은 유명하다.)
この町は静かだった。(이 동네는 조용했었다.)
あの人は有名だった。(저 사람은 유명했었다.)

な형용사의 정중형

－기본형의 어미 「ーだ」를 「ーです」로 교체한다.
　과거형의 경우 「ーだった」를 「ーでした」로 교체한다.

この町は静かです。(이 동네는 조용합니다.)

あの人は有名です。(저 사람은 유명합니다.)

この町は静かでした。(이 동네는 조용했습니다.)

あの人は有名でした。(저 사람은 유명했습니다.)

■ 명사 술어의 보통형과 정중형

보통형

–「명사+だ」,「명사+だった」를 사용한다.

彼は日本人だ。(그는 일본인이다.)

これはノートだ。(이것은 노트다.)

きょうは雨だ。(오늘은 비다.)

この辺は公園だった。(이 부근은 공원이었다.)

きのうは雨だった。(어제는 비였다.)

정중형

–「명사+です」,「명사+でした」를 사용한다.

彼は日本人です。(그는 일본인입니다.)

これはノートです。(이것은 노트입니다.)

きょうは雨です。(오늘은 비입니다.)

この辺は公園でした。(이 부근은 공원이었습니다.)
きのうは雨でした。(어제는 비였습니다.)

–명사 술어의 부정(否定) 형식에 대한 정중체도 「です」를 부가해 이루어진다.
「～ではないです」, 「～ではなかったです」

彼は日本人ではないです。(그는 일본인이 아닙니다.)
きのうは雨ではなかったです。(어제는 비가 아니었습니다.)

보조동사 「ある」의 정중체 부정형인 「ありません」을 이용해 「～ではありません」, 「～ではありませんでした」와 같이 표현할 수 있다.

彼は日本人ではありません。(그는 일본인이 아닙니다.)
きのうは雨ではありませんでした。(어제는 비가 아니었습니다.)

8. 수식어(修飾語)

수식어란 수식(修飾) 기능을 하는 문 성분을 말한다. 수식어는 피수식어에 대해 무언가 설명해 주거나, 그 범위를 한정해 주는 역할을 한다. 수식어는 문 구성에 있어서 필수적인 성분은 아니며, 임의로 선택되는 성분이다.

'연용(連用) 수식어'와 '연체(連體) 수식어'로 나눌 수 있는데, '연용수식어'는 동사나 형용사 등 술어 앞에서 뒤의 술어를 수식해 주는 역할을 하며, '연체수식어'는 명사 앞에서 뒤의 명사를 수식해 주는 역할을 한다.

일본어에서 수식어는 항상 피수식어의 앞에 위치한다.

■ 연용수식어(連用修飾語)

부사, 동사 て형, い형용사의 く형, な형용사의 に형, 「명사+조사」 등에 의한 술어(동사, 형용사) 수식을 말한다. 술어가 의미하는 동작이나 상태 · 속성의 양태(樣態), 정도(程度), 빈도(頻度), 시간(時間)

등을 설명 또는 한정한다.

▸ 부사(副詞)에 의한 수식

– 부사는 술어 수식 전용(專用)으로 쓰이는 말이다.

ex. ゆっくり歩く (천천히 걷다)　ぐっすり眠る (곤히 잠들다)
きらきら光る (반짝반짝 빛나다)　とてもおもしろい (매우 재미있다)
たくさん食べる (많이 먹다)　3回くりかえす。(3회 되풀이하다)
まったく分からない (전혀 모르다)

▸ 동사 て형에 의한 수식

– 동사 て형이 다른 동사 앞에서 뒤의 동사를 수식해 준다.

ex. 持って行く (가지고 가다)　立って話す (서서 이야기하다)
すわって寝る (앉아서 자다)　やいて食べる (구워서 먹다)

▸ い형용사의 く형에 의한 수식

ex. 赤く染まる (빨갛게 물들다)
かるく持ち上げる (가볍게 들어올리다)

たのしく遊ぶ (즐겁게 놀다)

▸ な형용사의 に형에 의한 수식

ex. きれいにかたづける (깨끗하게 치우다)
熱心に勉強する (열심히 공부하다)
はなやかに飾る (화려하게 꾸미다)

▸「명사+조사(助詞)」에 의한 수식

ex. 大声でさけぶ (큰소리로 외치다)
癌で死ぬ (암으로 죽다)

■ 연체수식어(連體修飾語)

연체사(連體詞), 동사 기본형이나 과거형, い형용사의 기본형이나 과거형, な형용사의 な형이나 과거형,「명사+の」등에 의한 명사 수식을 말한다. 뒤의 명사를 설명, 한정하는 역할을 한다.

▸ 연체사(連體詞)에 의한 수식

– 연체사는 오로지 명사를 수식하는 기능만을 한다.

ex. この本 (이 책) こんなところ (이런 곳)

小さな家 (작은 집)　ある人 (어떤 사람)
あらゆる物 (세상 모든 것)

▸ 동사 기본형이나 과거형에 의한 수식

ex. 私がよく行くレストラン (내가 자주 가는 레스토랑)
きのう見た映画 (어제 본 영화)
私が住んでいるアパート (내가 살고 있는 아파트)

▸ い형용사의 기본형 혹은 과거형에 의한 수식

ex. 大きい建物 (큰 건물)
おもしろい話 (재미있는 이야기)
たのしかったあの時 (즐거웠던 그 때)

▸ な형용사의 な형이나 과거형에 의한 수식

ex. まじめな人 (성실한 사람)
静かなところ (조용한 곳)
にぎやかだった町 (번화했던 동네)

▸「명사+の」에 의한 수식

ex. 私の父親 (나의 아버지)

日本の雑誌 (일본 잡지)

貿易の会社 (무역 회사)

■ 부사(副詞)의 용법 및 분류

부사(副詞)는 오로지 수식 기능만을 하는 말에 대한 품사 명칭이다. 자립어로서 하나의 문절(文節)을 이룰 수 있지만, 명사처럼 격조사 등과 결합하여 문의 보족어 성분이 되거나 할 수는 없고, 동사나 형용사처럼 문의 술어 성분이 되어 서술(敍述) 기능을 할 수도 없다. 부사는 오로지 문의 술어에 대해, 혹은 문 전체에 대한 수식 기능만을 수행할 뿐이다.

부사는 항상 고정된 형태로 쓰이며, 동사나 형용사처럼 활용(=어형 변화)하거나 하지 않는다. 부사가 문 내(內)에서 나타나는 위치는 대체로 동사나 형용사 등 술어 앞이지만, 문의 맨앞에 나타나 문 전체에 걸리면서 수식 기능을 하기도 한다.

일본어 부사를 그 형태 면에서 유형화해 보면 다음과 같은 것들이 있다.

▸ 단순 형태

すぐ, もう, いったい, さっき, もっと, やっと, ようやく, とても, あまり, かなり, ゆっくり, はっきり, しっかり, きっちり, しょんぼり, にっこり, きょとんと, きちんと, ちゃんと, ほっと, はっと, …

▸ 명사나 다른 부사에 조사가 붙은 형태

あとで, たまに, いつも, もっとも, あまりに, …

▸ い형용사나 な형용사로부터 전성된 것

よく, はやく, ひんぱんに, ひじょうに, …

▸ 동사 て형에서 전성된 것

きわめて, はじめて, せめて, …

▸ 같은 요소의 중첩 형태

ときどき, もともと, たまたま, なかなか, せいぜい, たかだか, そろそろ, きらきら, はらはら, がらがら, にこにこ, にやにや, とぼとぼ, のろのろ, ざらざら, …

▸ 한자어로 되어 있는 것

けっきょく(結局), いっさい(一切), ぐうぜん(偶然), ぜったい(絶対), けっこう(結構), …

▸ 두 단어 이상 결합해 이루어진 것

まもなく(間もなく), それほど, どうしても, みるまに(見る間に), …

부사는 수식 기능에 있어 무엇에 대한 수식인가에 따라 세분해 볼 수 있는데, 문이 표현하는 '객관적 사태 내용'과 그것을 진술하는 '화자(話者)의 주관적 태도'의 두 가지 측면 중 어느 쪽에 대한 수식인지가 하나의 분류 기준이 될 수 있다. 한편, 객관적 사태 내용의 어떤 측면에 대한 수식인가에 따라 '양태부사', '정도부사', '빈도부사', '시상부사' 등으로 세분해 볼 수 있고, 화자의 주관적 태도에 관한 부사는 보통 '진술부사(陳述副詞)'로 불린다.

● 양태부사(樣態副詞)

– 동작 주체가 행하는 동작의 구체적인 양태를 표현하거나, 동작을 받는 대상이 어떤 변화를 일으켰을 때 그 변화 결과의 구체적인 양태를 표현하거나 한다.

ゆっくり(と), ぐっすり(と), ぼんやり(と), はっきり(と), きっぱり(と), 堂々と, 黙々と, 平然と, 軽々と, 一気に, じっと, さっさと, どすんと, いやいや, こわごわ, にやにや, すくすく(と), しとしと(と), ザーザー(と), …

花束を買うためにわざわざ遠回りをして帰った。
(꽃다발을 사기 위해 일부러 멀리 돌아서 왔다.)

焼酎を一気に飲んで酔っぱらってしまった。
(소주를 단숨에 마시고 취해 버렸다.)
電車で座ってうとうとしてしまった。
(전철에서 앉아서 꾸벅꾸벅 졸고 말았다.)
猫はじっと私たちの顔を見ていた。
(고양이는 꼼짝 않고 우리 얼굴을 보고 있다.)
書類がきちんとそろってから連絡してください。
(서류가 제대로 갖추어지고 나서 연락해 주세요.)
直子はくすくす笑って本を置いた。(ノ31)
(나오코는 쿡쿡 웃으며 책을 놓았다.)
もうぽつぽつと雨が降りはじめていた。(ノ31)
(벌써 조금씩 비가 내리기 시작하고 있었다.)
電灯の光が細かい粉のように彼女の体のまわりにちらちらと漂っていた。(ノ31)
(전등 불빛이 미세한 가루처럼 그녀의 몸 주위에 아른아른 떠돌고 있었다.)

● **정도부사(程度副詞)**

– 정도(程度)를 표현하는 부사이다. 주로 상태술어, 변화 동사, 감정.감각을 표현하는 동사 앞에서 수식어로 쓰인다.

たいへん, はなはだ, ごく, とても, 非常に, きわめて, 少し, ちょっと, だいぶ, ずいぶん, かなり, 相當, けっこう, なかなか,よく, 充分, 最も, いちばん, もっと, 一層, 多少, いくらか, ずっと, はるかに, ひどく, あまりに, わりに, …

－술어의 부정형과 호응해 쓰이는 정도부사도 있다.

あまり, さほど, そんなに, 全然, さっぱり, ちっとも, …

私の父はかなり変わっている人だ。
(내 아버지는 상당히 별난 사람이다.)
個人情報の保護は極めて重要な問題だ。
(개인정보의 보호는 더없이 중요한 문제이다.)
そんな意見はごくわずかな人が主張しているだけだ。
(그런 의견은 극히 얼마 안 되는 사람이 주장하고 있을 뿐이다.)
袋の中にはずいぶんたくさんの葡萄の房が入っていた。(ノ8)
(자루 안에는 매우 많은 포도송이가 들어 있었다.)
そしてとても親密な気分でいろんな話をした。(ノ32)
(그리고 매우 친밀한 기분으로 여러 가지 이야기를 했다.)
どこかで聴いたことのあるメロディーだったが、題名はなかなか浮かんではこなかった。
(어딘가에서 들은 적이 있는 멜로디였지만, 제목은 좀체 떠오르지 않았다.)

● 빈도부사(頻度副詞)

– 동작이나 일시적 상태의 발생 빈도를 표현하는 부사이다.

いつも, きまって, 常に, 絶えず, しきりに, たいてい, よく, しばしば, たびたび, 時に, 時々, たまに, …

– 술어의 부정형과 함께 쓰이는 것

めったに, あまり, 全然, …

先ほどからしきりに電話のベルが鳴っている。
(조금 전부터 끊임없이 전화벨이 울리고 있다.)
父は常に冷静な人だ。
(아버지는 항상 냉정한 사람이다.)
昔はよくここに来てギターの練習をしたわ。
(예전에는 자주 여기에 와 기타 연습을 했어요.)
雨は降りつづいた。ときどき雷まで鳴った。
(비는 계속 내렸다. 때때로 천둥까지 쳤다.)

● 시상부사(時相副詞)

– 사태가 일어나는 시간이나 사태의 발생.전개의 양상(様相)을 표현하는 부사이다.

〈시간부사〉

かつて, いずれ, いまに, もうすぐ, これから, さきほど, のちほど, …

〈상(相) 부사〉

すでに, もう, とっくに, ちょうど, まだ, ずっと, もはや, 次第に, だんだん, 徐々に, ますます, とうとう, ついに, ようやく, やっと, すぐ, ただちに, いつしか, やがて, まもなく, いよいよ, あらかじめ, まえもって, 突然, いきなり, いったん, さしあたり, とりあえず, …

いきなり社長から電話がきた。
(갑자기 사장님으로부터 전화가 왔다.)
嘘はいずればれると思う。
(거짓말은 결국 탄로날거라 생각한다.)
何か問題が起きたときには、いったん冷静になって考える必要がある。
(뭔가 문제가 생겼을 때는 일단 냉정하게 생각할 필요가 있다.)
病状は徐々に改善していった。
(병의 증상은 서서히 개선되어 갔다.)
そのうわさはたちまち学校中に広まった。
(그 소문은 금세 온 학교에 퍼졌다.)

宿題なら、もうとっくに終わったよ。
(숙제라면 이미 훨씬 전에 끝났어.)
とりあえず資料をまとめて提出してください。
(우선 자료를 정리해서 제출해 주세요.)

● **진술부사(陳述副詞)**

– 화자(話者)의 진술 태도를 표현해 주는 부사이다. 발화되는 문이 표현하는 사태 내용에 대해서, 혹은 대화 상대인 청자(聽者)에 대해 화자가 드러내는 진술 태도를 표현해 주는 것이다. 추정, 단정, 평가, 감탄, 의문 등의 태도 표현이다. 진술부사의 경우 문말(文末)의 술어 형식과 호응(呼應) 관계를 이루는 경우가 많다.

ぜひ, いったい, 果たして, 決して, 必ずしも, とても, 一向に, なんとか, どうか, おそらく, たぶん, さぞ, どうも, どうやら, きっと, 必ず, 絶対, 確か, まさか, まるで, あたかも, なんと, なんて, あいにく, さいわい, 当然, もちろん, たまたま, …

部長はあいにく席を外しております。
(부장님은 공교롭게 자리를 비웠습니다.)
果たしてどのチームが優勝するのだろうか。
(과연 어느 팀이 우승할 것인가.)
このスーツはいかにも彼が好きそうなデザインだ。
(이 양복은 정말이지 그가 좋아할 것 같은 디자인이다.)

せっかくチャンスを得たのに無駄にしてしまった。

(모처럼 찬스를 얻었는데 헛되게 해 버렸다.)

沖縄では、雪はめったに見られない。

(오키나와에서는 눈은 좀처럼 볼 수 없다.)

彼女はなんて若いんだろうと僕はあらためて認識した。

(그녀는 어찌 저리 젊은 것일까 하고 나는 새삼 인식했다.)

まるで世界には私たち三人しかいないって気がするわね。

(마치 세상에는 우리들 세 사람밖에 없는 듯한 느낌이 드네요.)

9. 부조사(副助詞)와 종조사(終助詞)

부조사(副助詞)는 조사(助詞)의 한 부류이다. 부속어(附屬語)로서 다른 말에 부속되어서만 쓰이는 조사로서의 일반적 특성을 가진다. 그렇지만 부조사는 선행 요소와 결합하는 양태에 있어 조사의 다른 부류들, 즉 격조사(格助詞), 접속조사(接續助詞), 종조사(終助詞)와는 다른 특징을 보인다. 부조사는 문(文)을 구성하는 어떠한 성분 내지 요소에도 결합할 수 있는데, 명사 뒤에, '명사+조사'로 이루어진 보족어 뒤에, 부사나 동사 て형 등 연용수식어 뒤에 등, 끼어들 수 있는 위치가 매우 자유로운 편이다. 이러한 특징은 명사 뒤에만 결합할 수 있는 격조사나, 술어(동사 · 형용사 · 명사) 뒤에만 결합할 수 있는 접속조사, 문말 위치에서 선행 문의 끝에 부가되는 종조사 등과는 구별되는 특징이라 할 수 있다.

부조사(副助詞)의 의미적 기능은 '대비(對比)', '첨가(添加)', '한정(限定)', '강조(强調)' 등과 같은 의미를 도입하는 데 있다. 이러한 의미적 기능은, 발화(發話)되는 문의 의미적 배경(背景)을 이루는 다른 대상들, 혹은 사태들과의 관련 속에서 조명될 수 있다. 가령, 주제(主題)

표지 조사「は」는 다른 여러 가지 것들 중에서 어떤 것을 특별히 주제로 선택함을 표현해 주며, 또한「は」가 가지는 '대비(對比)'의 기능 역시 다른 것들과의 관련 속에서 파악되는 것이다. 조사「も」는 배경이 되는 다른 것들과 같은 성격의 것을 첨가(添加)한다는 의미를 표현해 준다.「だけ」·「ばかり」·「のみ」·「さえ」·「しか」등은 여러 가지 것들 중에서 해당하는 것만으로 한정(限定)한다는 의미를 표현해 준다. (서로 조금씩 다른 의미들도 가지고 있지만, '한정(限定)'이라는 기본 의미를 공통으로 가진다.)「こそ」·「など」·「なんか」등은 다른 것들과 대비하여 해당의 것을 두드러지게 강조(强調)하는 기본 의미를 표현해 준다.「くらい」·「ほど」등은 정도(程度)를 표현해 주는데, 이 또한 다른 것과의 대비를 함의하고 있다 할 수 있겠다.

종조사(終助詞)는 문말(文末)에 첨가되는 조사로서, 대화 상대인 청자에 대해 화자의 서법적(敍法的) 태도를 표현하는 기능을 주로 한다. 의문(疑問)을 표현하는「か」, 동의(同意)나 확인(確認)을 요청하는「ね」, 화자의 강조적 태도를 표현하는「よ」나「わ」등이 대표적인 예들이다.

■ 부조사 용례

は

– 이야기 과정에서 어떤 대상을 특별히 드러내어 제시하고자 할 때 그 표지로서 사용하는 조사이다. 한국어「~은/는」과 대응한다.

何度も「いやちょっと違うな、これ」と言っては描きなおした。(ノ5)

(몇 번이나 "아니 좀 다른데, 이거"라 말하고서는 다시 그렸다.)

彼女は歩きながら空を見上げ、犬みたいにくんくんと匂いをかいだ。(ノ7)

(그녀는 걸으면서 하늘을 쳐다보고 개처럼 킁킁거리며 냄새를 맡았다.)

空にはたしかに雲が多くなり、月もその背後に隠されてしまっていた。(ノ8)

(하늘에는 분명히 구름이 많아지고, 달도 그 배후에 감춰져 버렸다.)

「口では言えないようなこと」と僕は言った。(ノ31)

("입으로는 말할 수 없는 것"하고 나는 말했다.)

昨夜とはちがって、目に見えないくらいの細い秋雨だった。(ノ33)

(지난 밤과는 달라 눈에 보이지 않을 정도의 가느다란 가을비였다.)

男の風貌ははっきりとは思い出せない。(ガ103)

(남자의 풍모는 확실히는 생각나지 않는다.)

も

－다른 것들과 같은 종류의 어떤 것을 추가적으로 언급할 때 사용하는 조사이다. 한국어'~도'와 대응한다.

空にはたしかに雲が多くなり、月もその背後に隠されてしまっていた。(ノ8)

(하늘에는 확실히 구름이 많아지고, 달도 그 배후에 감춰져 버렸다.)
僕も同じように匂いをかいでみたが何の匂いもしなかった。（ノ8）
(나도 마찬가지로 냄새를 맡아 보았지만 아무런 냄새도 나지 않았다.)
レイコさんは薬品の袋の上に腰を下ろし、僕にも隣りに座れと言った。（ノ8）
(레이코 씨는 약품 자루 위에 걸터 앉고, 나에게도 옆에 앉으라고 말했다.)
雨は朝になってもまだ降りつづいていた。（ノ33）
(비는 아침이 되어서도 아직 계속 내리고 있었다.)
ペロの住むマンションの近所であるが、よくもここを見つけたものである。(恋107)
(뻬로가 사는 맨션 근처인데, 잘도 여기를 찾아낸 것이다.)

だけ

－정도(程度)나 한정(限定)의 의미를 표현해 준다. 한국어의 '~만큼, ~만, ~뿐'과 대응한다.

雰囲気も話し声も人々の顔つきも昨日そのままで、メニューだけが違っていた。（ノ5）
(분위기도 이야기하는 소리도 사람들의 얼굴 표정도 어제 그대로이고, 메뉴만이 달라져

있었다.)
つんとした異臭を嗅ぐだけで、二郎はのどの奥がむずかゆくなるのだった。(恋105)
(코를 찌르는 역한 냄새를 맡는 것만으로, 지로는 목안이 근질근질해지는 것이었다.)
二宮の話をきいているだけでも雲母は楽しかった。(恋77)
(니노미야의 이야기를 듣고 있는 것만으로도 운모는 즐거웠다.)
「悪いのが一方だけなら、喧嘩はそう長く続かないものなんだ」(ガ105)
(나쁜 것이 한쪽뿐이라면 싸움은 그리 오래 계속되지는 않는 거야.)

ばかり

– 정도(程度)나 한정(限定)의 의미를 나타내 준다. 부정적(否定的)인 의미를 더하는 경우가 있다. 한국어의 '~만큼, ~만, ~뿐'과 대응한다. 동사 과거형 뒤에 첨가되면 '막 ~했다'의 의미로 해석된다.

彼女ばかりではなく、特定の少女とつき合った経験はない。(恋102)
(그녀뿐만이 아니라 특정의 소녀와 사귄 경험은 없다.)
30分ばかりしてから急に誰かに会いたくなった。(風4)
(30분 정도 지나고 나니 갑자기 누군가를 만나고 싶어졌다.)
彼女は僕を少しばかり懐かしい気分にさせた。(風38)
(그녀는 나를 조금은 정겨운 기분이 들게 하였다.)

知り合ったばかりのころ、男は半ば苦笑しながら話した。(恋135)
(서로 막 알게 되었을 무렵, 남자는 반쯤 쓴웃음을 지으면서 이야기했다.)
もっぱら金のかからない楽しみばかりを捜していた。(ガ160)
(오로지 돈이 들지 않는 즐거움만을 찾고 있었다.)

など

– 언급되는 것 이외 다른 것들도 있음을 의미해 준다. '~ 등, 따위'

床には雪かきの道具や除雪用の薬品などが積みあげられていた。(ノ9)
(마루에는 눈을 긁는 도구며 제설용 약품 등이 쌓여 있었다.)
耳打ちなどわすれたように、少女がすましていたせいもある。(恋103)
(귓속말 따위 잊은 듯이 소녀가 새침을 떼고 있었던 탓도 있다.)

ほど

– 정도를 나타낸다. '~만큼, 정도'

知恵子の思い出には、とりたてて他人に語って聞かせるほどすばらしいものはなにもない。(ガ152)

(치에코의 추억에는 딱히 내세워 남에게 들려줄 만큼 대단한 것은 아무것도 없다.)
十日ほどのあいだに春は確実に深まっていた。(ガ103)
(열흘 정도 사이에 봄은 확실히 깊어져 있었다.)

くらい

– 정도를 나타낸다. '~만큼, 정도'

これくらいおいしそうに煙草を吸う人はちょっといない。(ノ10)
(이 정도로 맛있는 듯 담배를 태우는 사람은 별로 없다.)

しか

– 한정(限定)을 나타낸다. 뒤에 부정(否定) 서술이 따른다. '~밖에'

「こんな風に雨が降ってるとまるで世界には私たち三人しかいないって気がするわね」と直子が言った。
(ノ31) ("이런 식으로 비가 내리고 있으면 마치 세상에는 우리들 세 사람밖에 없는 듯한 기분이 드네요"라고 나오코가 말했다.)

さえ

– 한정(限定)을 나타낸다. '~만, 조차, 마저'

ペロは毎日ここへ来ているのだから、来さえすれば確実にペロに逢えるのである。(恋107)
(뻬로는 매일 여기에 와 있으니까, 오기만 하면 확실히 뻬로를 만날 수가 있다.)
猫さえ住みついていなければ、どんなによいだろう。(恋107)
(고양이만 붙박아 살고 있지 않으면 얼마나 좋을까.)
ペロのくちびるのぬくみをおもいだすと、仔猫のにこげさえやさしいものにおもわれた。(恋110)
(뻬로의 입술의 온기를 생각하니 새끼고양이의 솜털조차 다정하게 느껴졌다.)

■ 종조사 용례

の

– 주로 여성들이 문말에 첨가해 사용한다. 문말 억양이 평탄 하강조가 되면 평서문이 되고, 약간 상승조가 되면 의문문이 된다. 설명의 무드(mood)를 표현한다.
「お医者よ。宮田先生っていうの」と直子が言った。(ノ6)
("의사 분이에요. 미야타 선생님이라 해요"라고 나오코가 말했다.)
「明日は何時に帰るの？」とレイコさんが手を休めて煙草に火をつけながら僕に訊いた。(ノ7)
("내일은 몇 시에 돌아가요?" 레이코 씨가 손을 멈추고 담배에 불

을 붙이면서 나에게
물었다.)
彼女は僕の耳に口を寄せて「眠れないのよ、なんだか」と小さな声で言った。(ノ33)
(그녀는 내 귀에 입을 가져다 대고 "잠이 안 와요, 왠지"라고 작은 소리로 말했다.)

よ

– 화자가 상대에게 자신의 생각이나 주장을 강하게 이야기할 때, 상대에게 무언가를 알려주거나 상대의 관심을 환기시키고자 할 때 사용한다.

「お医者よ。宮田先生っていうの」と直子が言った。(ノ6)
("의사 분이에요. 미야타 선생님이라 해요"라고 나오코가 말했다.)
「いいわよ、どうぞお好きに」と直子はくすくす笑いながら言った。(ノ7)
("좋아요, 좋을대로 해요"라며 나오코는 쿡쿡 웃으면서 말했다.)
ここに長くいると空気の匂いでだいたいの天気はわかるのよ。(ノ8)
(여기에 오래 있으면 공기의 냄새로 대체적인 날씨는 알 수 있어요.)
「もちろん来るよ」と僕は言った。(ノ32)

("물론 올게요"라고 나는 말했다.)

か

- 문말 술어 뒤에 첨가되어 의문(疑問)을 표현한다. 어떤 사태의 진위에 대해 묻거나, 미지항에 대한 정보를 요구하거나 할 때 사용하는 의문문을 만들어 준다. 스스로에게 일어나는 의문에 대해서도 「か」를 첨가해 표현한다.

「あの人は医者なんですか、それとも患者の方ですか?」と僕はレイコさんに訊いてみた。(ノ5)
("저 사람은 의사입니까, 아니면 환자 쪽입니까?"라고 나는 레이코 씨에게 물어 보았다.)
「一緒にいきましょうか?」と直子が言った。(ノ7)
("함께 갈까요?"라고 나오코가 말했다.)
「またいつか会いに来てくれる?」と直子が僕の顔を見て言った。(ノ32)
("또 언젠가 만나러 와 줄거야?"라고 나오코가 내 얼굴을 보며 말했다.)
中学生のころから、なんど、母と似たようなやりとりを繰り返したかしれない。(恋73)
(중학생 무렵부터 몇 번이나 엄마와 비슷한 실랑이를 되풀이했는지 모른다.)

ね

－대화 상대에게 화자가 말하는 내용에 대한 동의(同意)를 구하거나 확인(確認)을 요청하는 경우에 사용된다.

「昨日の話のつづきが聞きたいですね」と僕は言った。(ノ9)
("어제 이야기의 계속을 듣고 싶네요"라고 나는 말했다.)
「遅くなってごめんね」とレイコさんが直子の頭を撫でた。(ノ31)
("늦어져서 미안해"라고 레이코 씨가 나오코의 머리를 쓰다듬었다.)
「毎週土曜日の朝にその女の子にピアノをおしえたっていうところまでだったわよね、たしか」(ノ10)
("매주 토요일 아침에 그 여자아이에게 피아노를 가르쳤다고 하는 곳까지였죠, 분명히")
「寒いですね、雨が降ると」と僕はレイコさんに言った。(ノ34)
("춥네요, 비가 내리면"라고 나는 레이코 씨에게 말했다.)

ねえ

－동의(同意)를 구하는 기분을 영탄(詠嘆)을 섞어 표현한다.

「残念ねえ、もう少しゆっくりしていけばいいのに」(ノ7)
("안타깝네요, 좀더 천천히 해가면 좋을 텐데")

「あなたって真剣な顔して冗談言うからおかしいわねえ」とレイコさんはあきれたように言った。(ノ10)
(“당신이라는 사람 진지한 얼굴을 하고 농담을 하니까 재밌네요” 라며 레이코씨는 어이없다는 듯이 말했다.)

もの

- 어떤 사태의 정황(情況)을 영탄을 섞어 묘사하는 기분을 표현한다.

「だって毎朝なんだかわけのわからないこと叫びながら無茶苦茶な体操してるもの」(ノ6)
(“글쎄 매일 아침 무언가 알 수 없는 말을 외치면서 제멋대로 체조하고 있는 걸요”)
「いまに慣れるわよ。あたし、猫と気が合うんだもん」(恋106)
(“이제 곧 익숙해 질거야. 나, 고양이와 잘 맞는 걸”)

かしら

- 의문(疑問)의 기분을 표현한다. 여성들이 사용한다.

「ねえ、ワタナベ君借りていっていいかしら？」(ノ7)
(“있잖아, 와타나베 군 빌려가도 될까?”)
「少し煙がこもるけど、煙草吸っていいかしら？」(ノ9)

("좀 연기가 날 텐데, 담배 피워도 괜찮을까?")

な

–상대에게 다짐하듯이 영탄(詠嘆)을 섞어 표현할 때 쓰인다. 남성들이 사용한다.

「東京からおみえになったんですな」とその老人は僕の住所を見て言った。(ノ35)
("도쿄에서 오셨군요"라고 그 노인은 내 주소를 보며 말했다.)
何度も「いやちょっと違うな、これ」と言っては描きなおした。(ノ5)
(몇 번이나 "아니 좀 다른데, 이거"라 말하고서는 다시 그렸다.)

ぞ

–스스로 다짐하거나, 상대에게 자기 생각이나 주장을 강하게 말할 때 사용한다. 남성들이 사용한다.

「ま、適当にやってくれよ。カミさんに知れたらことだぞ」(恋79)
("음, 적당히 해 줘. 아내한테 알려지면 큰일나")

ぜ

–가볍게 다짐을 하거나 관심을 환기시킬 때 사용한다. 남성들이 사용한다.

ところで今日の最高気温、何度だと思う? 37度だぜ、37度。夏にしても暑すぎる。(風53)
(그런데 오늘 최고기온, 몇 도라 생각해? 37도야, 37도. 여름이라 해도 너무 덥다.)

2부

문법 범주

10. 시제

11. 아스펙트

12. 태(態)의 범주

13. 무드(ムード) 범주

14. 경어

10. 시제(時制)

시제(時制)란 문(文)이 표현하는 사태의 시간적 위치를 표시해 주는 문법적 기능을 말한다. 어떤 기준 시점(時點)에 대해, 해당 사태가 동일 시점(時點)의 것인지, 그 이전의 것인지, 혹은 그 이후의 것인지를 나타내 주는 기능인 것이다.

시제 기능은 일정한 언어적 형식에 의해 표지되는데, 일본어의 경우, 시제는 문의 술어(述語)의 활용형이 시제 기능을 담당한다. 즉, 동사 · 형용사 · 명사 술어의 기본형과 과거형이 시제 기능을 가진다.

● 동사 기본형의 시제 기능

동작동사(動作動詞)의 기본형은, 해당 사건이 기준시(基準時) 이후, 즉 '미래(未來)'의 사건임을 표현하는 것이 일반적이다. 기준시는 보통 발화시(發話時)가 된다..

明日、ソウルへ行く。(내일, 서울 간다.)

来月、日本へ行く。(다음 달, 일본에 간다.)
この列車は、五分後、駅につく。(이 열차는 5분 후 역에 도착한다.)

– 현재, 반복적으로 일어나고 있는 일을 표현한다.

僕は、この頃、よくパンを食べる。(나는 요즘 자주 빵을 먹는다.)
毎日、自転車で学校へ行く。(매일 자전거로 학교에 간다.)
毎日 1時間ぐらい歩く。(매일 한 시간 정도 걷는다.)

– 일반적 사실, 항상적 진리 등을 표현한다.

2に2をかけると、4になる。(2에 2를 곱하면 4가 된다.)
日は東からのぼる。(해는 동쪽에서 뜬다.)
春になると桜の花がさく。(봄이 되면 벚꽃이 핀다.)
地球は太陽の回りを回る。(지구는 태양의 주위를 돈다.)

– 어떤 일의 일반적인 순서를 이야기할 때

(라면 끓이는 순서)
水を100°Cまで沸かす。(물을 100°C까지 끓인다.)
麺を入れる。(면을 넣는다.)
スープを入れる。(스프를 넣는다.)

상태동사(狀態動詞)의 기본형은 시제에 있어 '현재(現在)'의 상태를 표현한다. 상태동사로는 '존재'를 표현하는 「ある」「いる」, '가능'을 표현하는 「できる」를 비롯한 가능동사, 「違う」「異なる」 등 '관계'를 표현하는 동사 등이 있다.

机の上に本がある。(책상 위에 책이 있다.)
彼は英語ができる。(그는 영어를 할 수 있다.)
これはそれと違う。(이것은 그것과 다르다.)

「思う」「考える」등 심리 동사, 「約束する」「宣言する」등 언어행위 동사는 기본형으로서 '현재'의 심리나 언어적 행위를 표현한다.

彼はかならずここに来ると思う。(그는 반드시 여기에 올 거라고 생각한다.)
9時まではそこに行くことを約束する。(9시까지는 거기에 갈 것을 약속한다.)

동사의 기본형은 동사의 내적 의미에 따라, 시제에 있어 '미래', 혹은 '현재'로서 해석된다. 동작동사(動作動詞)의 기본형은 '미래(未來)' 혹은 '현재(現在)'로서, 상태동사(狀態動詞)의 기본형은 '현재(現在)'로서 해석되는 것이다. 이런 점에서, 동사의 기본형을 시제의 관점에서 '비과거형(非過去形)'이라 칭한다.

동사 기본형 뒤에는 접속조사, 종조사, 문말(文末) 조동사 등이 부가될 수 있지만, 기본형이 가지는 시제 기능은 그대로 유지된다.

ちょっと待って。すぐ行くから。(잠깐 기다려. 곧 갈 테니까.)

明日は雨が降るでしょう。(내일은 비가 내리겠습니다.)

彼はきっとくるはずだ。(그는 틀림없이 올 것이다.)

この薬を飲むと、熱がさがる。(이 약을 먹으면 열이 내린다.)

● 동사 과거형의 시제 기능

해당 사건이 기준시 이전, 즉 '과거(過去)'의 사건임을 표현한다.

きのう、映画を見た。(어제 영화를 보았다.)

けさ、8時に家を出た。(오늘 아침 8시에 집을 나섰다.)

先週、山田さんはアメリカへ行った。(지난 주, 야마다 씨는 미국에 갔다.)

동사 과거형이 어떤 동작의 '완료(完了)'를 표현하기도 한다.

あの映画、もう見た？ (그 영화, 벌써 보았어?)

—いや、まだ見ていないよ。(아니, 아직 안 보았는데.)

あ、バスが来た。(아, 버스가 왔다.)

종속절(從屬節)에 나타나는 동사의 기본형이나 과거형은, 주문(主文)의 시제를 기준으로하여 해석한다. 기본형은 기준시 이후에 일어날 사건으로서, 혹은 미완료(未完了) 사건으로서 해석한다. 과거형은 기준시 이전에 일어난 사건으로서, 혹은 이미 완료(完了)된 사건으로서 해석하면 된다.

日本へ行く前に贈り物を買った。(일본에 가기 전에 선물을 샀다.)
私は、彼が約束をまもることを信じている。(나는 그가 약속을 지킬 것을 믿고 있다.)
買ったばかりのカメラをなくしてしまった。(막 산 카메라를 잃어버렸다.)

▸ 동사 과거형 만들기

〈1군 동사(자음어간동사)의 과거형〉

– 기본형이 「~う, ~つ, ~る」로 끝나는 동사는 「~った」

買う → 買った　笑う → 笑った
待つ → 待った　持つ → 持った
乗る → 乗った　去る → 去った

– 기본형이 「~ぬ, ~む, ~ぶ」로 끝나는 동사는 「~んだ」

死ぬ → 死んだ
飲む → 飲んだ　かむ → かんだ
呼ぶ → 読んだ　叫ぶ → 叫んだ

–기본형이 「~く」로 끝나는 동사는 「~いた」, 기본형이 「~ぐ」로 끝나는 동사는 「~いだ」

書く → 書いた　聞く → 聞いた
かぐ → かいだ　こぐ → こいだ

–기본형이 「~す」로 끝나는 동사는 「~した」

話す → 話した　貸す → 貸した

〈2군 동사(모음어간동사)의 과거형〉

–어간이 え단음이나 い단음으로 끝나는 동사의 경우 어간에 「~た」를 붙이면 된다.
기본형의 「~る」를 「~た」로 교체하면 된다.

食べる → 食べた　寝る → 寝た

起きる → 起きた　見る → 見た

〈3군 동사(불규칙 동사)의 과거형〉

–3군 동사는 「する」와 「来る」 두 동사뿐이다. 「する」의 과거형은 「した」이고, 「来る」의 과거형은 「来た」이다.

– 동작성 명사(散歩, 運転, 勉強, デート 등)에 「する」를 붙여 만들어진 동사들의 과거형도 「~した」가 된다.

勉強する → 勉強した　散歩する → 散歩した

きのう、雪が降った。(어제 눈이 내렸다.)
先週の土曜日、市内で友だちに会った。(지난 주 토요일, 시내에서 친구를 만났다.)
寝る前に少しお酒を飲んだ。(자기 전에 조금 술을 마셨다.)
午前10時から日本語のテストがあった。(오전 10시부터 일본어 테스트가 있었다.)

● **형용사의 기본형과 과거형**

형용사의 기본형은 '현재(現在)'의 상태나 속성을 표현한다.

この部屋は明るい。(이 방은 밝다.)
今日はちょっと寒い。(오늘은 조금 춥다.)
あの人はまじめだ。(저 사람은 성실하다.)

형용사의 과거형은 '과거(過去)'의 상태 · 속성을 표현한다.

〈い형용사의 과거형〉
– い형용사 어간에 어미 -かった가 붙는다.

寒い→寒かった, おもしろい→おもしろかった

〈な형용사의 과거형〉
– な형용사 어간에 어미 -だった가 붙는다.

静かだ→静かだった, まじめだ→まじめだった

きのう見た映画はとてもおもしろかった。(어제 본 영화는 매우 재미있었다.)
この町は、むかしはにぎやかだった。(이 동네는, 예전에는 번화했었다.)

● **명사 술어의 기본형과 과거형**

– 기본형은 '명사+だ' (현재)

彼は学生だ。(그는 학생이다.)
これは桜の花だ。(이것은 벚꽃이다.)

– 과거형은 '명사+だった' (과거)

彼は青山大学の学生だった。(그는 아오야마 대학의 학생이었다.)
あの人は一時有名な歌手だった。(저 사람은 한때 유명한 가수였다.)

11. 아스펙트(アスペクト)

어떤 동작이 지니는 시간적 양태(=모습)를 일정한 문법적 형식에 의해 표현하는 문법 범주의 하나이다. '상(相)'이라는 용어로도 불린다.

하나의 동작을 몇 가지 국면(局面), 즉 시작(始作) 국면, 진행(進行) 국면, 종료(終了) 국면, 종료 이후의 국면 등으로 쪼개어, 그 중 어느 한 국면을 부각시켜 표현하는 것을 말한다.

일본어에는 ① 동사 'て형'에 보조동사들이 결합한 형식들, ② 동사 연용형(ます형)에 보조동사가 결합한 형식들이 아스펙트(アスペクト, Aspect)를 표현한다.

동사 기본형과 과거형이 동작의 '미완료(未完了)'와 '완료(完了)'라는 아스펙트적 속성을 표현하기도 한다.

● **동사 て형 + 보조동사**

~ている

– 동작동사에 대해서만 사용 가능하며, 상태동사와는 어울리지 않는다.
– 존재를 의미하는 동사「いる」가 동사 て형 뒤에 연결되어 아스펙트를 표현하는 문법적인 보조동사 역할을 하고 있다.

▸ 지속성(持續性) 동작을 의미하는 동사와 어울려 동작이 '진행(進行)' 중임을 표현한다.

テレビを見ている。(텔레비전을 보고 있다.)
日本語の勉強をしている。(일본어 공부를 하고 있다.)
子どもたちがあそんでいる。(아이들이 놀고 있다.)
川の水が流れている。(강물이 흐르고 있다.)
風に枝がゆれている。(바람에 가지가 흔들리고 있다.)

▸ 성질이나 상태의 변화 등 순간적인 동작을 의미하는 동사와 어울려, 동작 종료 후의 '결과상태(結果狀態) 지속'을 표현한다.

花がさいている。(꽃이 피어 있다.)
人が死んでいる。(사람이 죽어 있다.)
電気が消えている。(전기가 꺼져 있다.)

ドアが開いている。(문이 열려 있다.)

▸ 동작의 '반복(反復)'을 표현한다.

毎日散歩をしている。(매일 산책을 하고 있다.)
毎日小説を読んでいる。(매일 소설을 읽고 있다.)

▸ '경험(經驗)'을 표현한다.

もう3回も日本に行っている。(벌써 3번이나 일본에 갔었다.)
この小説はもう2回も読んでいる。(이 소설은 벌써 2번이나 읽었다.)

▸ 어떤 상태나 속성을 표현한다.
– 항상「~ている」형식으로 사용.

高い山がそびえている。(높은 산이 솟아 있다.)
花子の美しさは優れている。(하나코의 아름다움은 빼어나다.)

<u>~てある</u>

– 어떤 행위의 결과로서 남아 있는 대상(對象)의 상태를 표현한다.
– 대상(對象)이 주어로 나타나며, 동사는 타동사로 나타난다. 동작주(動作主)는 문의 표면에 나타나지 않지만, 그 존재가 의식되는

상황에서 쓰인다.

冷蔵庫にビールが入れてある。(냉장고에 맥주가 (누군가 넣어서) 들어 있다.)
黒板に字が書いてある。(칠판에 글자가 씌어 있다.)
入口に花が飾ってある。(입구에 꽃이 장식되어 있다.)

<u>～てくる·～ていく</u>

–어떤 동작의 지속이나 상태의 점진적 변화를 표현한다.
–같은 형식이지만「くる」나「いく」가 본동사로서의 의미를 그대로 가지는 경우도 많다.

この店で3年間も働いてきた。(이 가게에서 3년간이나 일해 왔다.)
こらからもこの店で働いていくつもりだ。(앞으로도 이 가게에서 일해 갈 생각이다.)
12月になって、だんだん寒くなってきた。(12월이 되어 점점 추워지고 있다.)
大阪城が見えてきた。(오사카 성이 보이기 시작했다.)

友だちのうちへ遊びに行くとき、ケーキを買っていく。
(친구 집에 놀러 갈 때 케이크를 사간다.)
ちょっと寒かったので、コートを着てきた。(좀 추워서 코트를

입고 왔다.)

家から会社まで歩いていく。(집에서 회사까지 걸어간다.)

~てしまう

- 어떤 동작의 완료(完了)를 표현한다.
- 안타까움이나 후회의 기분을 표현하기도 한다.

どこかでさいふをなくしてしまった。(어딘가에서 지갑을 잃어버렸다.)

会議におくれてしまった。(회의에 늦어 버렸다.)

考えていたことを全部話してしまった。(생각하고 있던 것을 전부 이야기해 버렸다.)

~ておく

- 동작의 완료(完了)를 표현한다.

食器を水につけておいた。(식기를 물에 담가 두었다.)

窓を一晩中開けておいた。(창문을 밤중 내내 열어 두었다.)

会社の帰りに本を買ってくるようにたのんでおいた。

(회사에서 돌아올 때 책을 사오도록 부탁해 두었다.)

● 동사 연용형(ます형) + 보조동사

동사 연용형(連用形)은 다른 동사 혹은 조동사(助動詞)와 결합하여 복합 형식을 만들 때, 절(節)과 절(節)을 접속할 때 사용하는 동사 활용형의 하나이다. 조동사 「ます」와 결합할 때 쓰이는 형태라 하여 'ます형'이라 부르기도 한다.

동사 연용형에 동작의 시간적 양태를 표현해 주는 보조동사(補助動詞)가 결합하여 아스펙트를 표현하는 것이다.

~つづける

– 어떤 동작이 지속(持續)되고 있음을 표현한다.

小説を一週間も読みつづけた。(소설을 1주일간이나 계속 읽었다.)
雨が三日間も降りつづけた。(비가 3일간이나 계속 내렸다.)
この会社でずっと働きつづけたい。(이 회사에서 죽 계속 일하고 싶다.)

~はじめる

– 어떤 동작이 시작(始作)됨을 표현한다.

桜の花が咲きはじめた。(벚꽃이 피기 시작했다.)
雨が降りはじめた。(비가 내리기 시작했다.)

どうぞ、先に食べはじめてください。(자, 먼저 잡수기 시작해 주세요.)

~だす

-「~はじめる」와 마찬가지로 동작의 시작(始作) 국면을 표현한다.
-갑작스런 느낌을 준다.

子どもが泣き出した。(아이가 울음을 터뜨렸다.)
彼が突然笑いだした。(그가 갑자기 웃음을 터뜨렸다.)
列車が動きだした。(열차가 움직이기 시작했다.)

~おわる

-동작의 종료(終了)를 표현한다.

使いおわったテレホンカードはこの箱に入れてください。
(다 쓴 전화카드는 이 상자에 넣어 주세요.)
きょうやっとレポートが書きおわりました。
(오늘 겨우 보고서를 다 썼다.)

~かける

-어떤 동작이 일어나기 직전(直前)이나 직후(直後)의 양태를 표현

한다.

父は病院で死にかけている。(아버지는 병원에서 돌아가시기 직전이다.)
なにか言いかけたが、すぐやめてしまった。(뭔가 말을 하려다가, 곧 그만두어 버렸다.)

~こむ

– 어떤 동작이 지속(持續), 혹은 반복(反復)되는 모습을 표현한다.

彼はしばらく考えこんでいた。(그는 잠시 생각에 잠겨 있었다.)
彼は同じ場所に座りこんでいた。(그는 같은 장소에 죽 앉아 있었다.)

12. 태(態)의 범주

'태(態)의 범주'란 문의 구조 변환(變換)과 관련한 문법적인 현상들로 이루어진 범주를 말한다. 가령, 능동문(能動文)과 수동문(受動文)은 동일한 사태를 표현하고 있으면서도 서로 문의 구조를 달리하는 대응 짝을 이루는 관계에 있다. 능동문에서의 'が격 보족어'는 수동문에서 'に격 보족어'로 나타나고, 능동문에서의 'を격 보족어' 혹은 'に격 보족어'가 수동문에서 'が격 보족어'로 나타나게 된다. 이와 같은 문 성분들의 격 배치(配置)에 변동이 나타나는, 다시 말해 문 구조의 변환이 일어나는 현상을 '태(態)의 변환'이라 하며, 이러한 현상들을 하나의 문법 범주로 묶어 다루는 것이 '태(態)의 범주'이다. 사역문과 가능동사 문도 이러한 문의 구조 변환과 관련된 현상으로 보아 보통 태의 범주에 넣어 다룬다. 'ヴォイス(Voice)' 범주라 칭하기도 한다.

12-1. 능동(能動)과 수동(受動)

어떤 사건을 묘사함에 있어, 동작주의 시점(視點)에서 바라보느냐, 혹은 수동자(受動者)의 시점(視點)에서 보느냐에 따라, 해당 사건을 표현하는 문의 구조 양상이 달라지는데, 전자의 경우 동작주(動作主)를 주어로 하여 문을 전개하는 능동문(能動文) 형식을 취하게 되고, 후자의 경우 수동자(受動者)를 주어로 하여 문을 전개하는 수동문(受動文) 형식이 된다.

가령, 太郎가 花子를 때린 사건이라면, 이 사건을 표현하는 능동문은 「太郎が花子をなぐった」가 되고, 수동문은 맞은 花子를 주어로 한 「花子が太郎になぐられた」가 되는 것이다.

일본어에서는 수동자가 동작주의 직접적인 동작에 의해 영향을 받는 상황에 대해서만 수동 표현이 가능한 것은 아니고, 제 삼자가 타인의 어떤 행위나 자연 현상 등에 의해 뜻하지 않게 어떤 영향을 받는 상황에 대해서도 수동 표현이 가능하다.

● 직접수동문(直接受動文)

동작주로부터 직접적으로 동작을 받는 대상이나 상대를 주어로 하여 전개된 문의 형식을 말한다.

수동자가 が격의 주어가 되고, 동작주는 に격 성분이 되며, 동사는 수동형을 취하게 된다.

ex1. 花子が太郎になぐられた。

↔ 太郎が花子をなぐった。(능동문)

(능동문에서는 동작주가 が격 주어가 되고, 수동자는 を격 목적어로 나타남.)

ex2. 花子が犬にかみつかれた。

↔ 犬が花子にかみついた。(능동문)

(수동자가 능동문에서 に격으로 나타나는 경우임.)

▸ を격 성분을 가지는 수동문

ex1. 私はとなりの人に足をふまれました。

↔ となりの人が私の足をふんだ。(능동문)

私は強盗に金を奪われた。

↔ 強盗が私の金を奪った。(능동문)

(동작을 받는 대상이 어떤 사람의 신체 부분이거나, 소유물, 혹은 관련된 어떤 것일 때, 그 소유자(관련자)를 수동문의 주어로 내세울 수 있는데, 이때 소유물, 신체 부분 등이 수동문에서 を격 성분으로 남게 됨.)

ex2. 私はマリーさんに英語を教えられました。↔ マリーさん

が私に英語を教えました。(능동문)

(어떤 물건이나 행위를 전달받는 상대(능동문의 간접목적어)가 수동문의 주어가 될 경우, 전달되는 대상(능동문의 직접목적어)은 を격 성분으로 남게 됨.)

▸ 무정물(無情物)이 수동문의 주어가 되는 경우

- 무정물을 수동문의 주어로 내세우는 데는 어떤 조건이 따르는데, 발화 상황에서 그것이 특별히 화제의 대상으로 떠오르거나, 상황 자체가 그것이 가장 주목받을 만한 것일 때 그러하다.
  가령, 「太郎」가 밥을 먹는 것을 보고 「ご飯が太郎に食べられた」라는 수동 표현을 하면, 문의 형식면에서는 아무 하자가 없는 문이지만, 주어 선택의 인지적(認知的) 조건이라는 관점에서는 부자연스러운 표현이 되어 버린다. 단, 「ご飯」이 특별히 화제가 되어 있는 상황이라면, 「ご飯は太郎に食べられた。」는 자연스러운 표현이 될 수 있다.
- 동작주를 특정하기 어려운 경우, 즉 동작 주체가 다수이거나, 어떤 단체이거나, 누구인지 알기 어려운 경우에도 무정물 주어가 수동문의 주어로 나타나기 쉽다.

ex. キムチは世界の人々に食べられている。
車が海から引き上げられた。
一つの通報が送られてきた。

電気が(電気会社によって)切られた。

- 무정물 주어의 수동 표현에서는 동작주가 나타나지 않거나, 「~によって」라는 형식으로 표현되거나 한다. 어떤 사물이 가지고 있는 일반적 특성(속성)을 표현할 때 자주 나타난다.

● 간접수동문(間接受動文)

자신이 직접 관여하지 않은 외부의 어떤 사건(자연현상 등을 포함해)에 의해 좋지 않은 어떤 영향을 받았을 때, 일본어에서는 이러한 상황을 수동문으로 표현한다.

가령, 친구가 찾아오고(「友だちが来る」), 그로 인해 무언가 피해를 입었다고 생각할 때 「友だちに来られた」라는 수동 표현을 쓰는 것이다. 예상치 않게 비가 내려(「雨が降る」), 비를 맞게 되었을 때, 「雨に降られた。」라는 수동 표현을 쓸 수 있는 것이다.

ex. 私 ← [友だちが来る] (私は) 友だちに来られる。
私 ← [雨が降る] (私は) 雨に降られる。

- 타동적(他動的)인 어떤 사건에 의해서 간접적인 피해를 받았다고 생각하는 경우에도 수동 표현이 사용될 수 있다. 가령, 친구가 어려운 문제를 먼저 풀어 자존심이 좀 상한 경우, 「友だちに先に問題を解かれた。」라는 수동문으로 표현할 수 있다.

ex. 私 ← [友だちが先に問題を解く]

(私は) 友だちに先に問題を解かれる。

- 간접수동문에서는 피해를 받는 사람이 주어가 되고, 영향을 미친 사건의 주어가 に격을 취하게 된다.
- '간접수동'이라는 용어는, 자신(=피해자)이 직접 관여하지 않은 어떤 사건으로부터 영향을 받았다는 점에서, 그리고 그 사건의 동작 주체 역시 분명한 의도를 가지고 영향을 미치려 한 것이 아니라는 점에서 붙여진 것이라 할 수 있다.

● **직접수동문(直接受動文)과 간접수동문(間接受動文)의 차이**

문의 외형적인 면에서는 직접수동문이나 간접수동문이 별반 차이를 보이지 않는다.

가령, X가 Y라는 대상 혹은 상대에게 어떤 동작을 직접 가했을 때, 이 상황을 수동 표현으로 하면「Yが Xに Vt-られる」가 되는데, 한편, X의 어떤 자동적(自動的) 동작이 Y에게 어떤 의도치 않은 피해를 주는 간접수동 상황의 경우「Yが Xに Vi-られる」가 된다.

[X → Y]　Yが Xに Vt-られる。(직접수동문)
　　　　　太郎が父にしかられた。

[[X→] → Y]　Yが Xに Vi-られる。(간접수동문)
　　　　　　太郎が父に死なれた。

외형상(문의 형식상) 차이가 없고, 다만 수동 동사 어간이 타동사 어간(Vt)인가, 자동사 어간(Vi)인가만 차이를 보인다.

– を격 보족어를 가지는 직접수동문 형식과, X의 타동적(他動的) 동작이 Y에게 피해를 주게 되는 간접수동 상황을 표현하는 간접수동문 형식 간에도 외형상 차이는 없다.

[X → Z → Y]　Yが Xに Zを Vt-られる。(직접수동문)
太郎が隣の人に足を踏まれた。

[[X →Z] → Y]　Yが Xに Zを Vt-られる。(간접수동문)
太郎が兄にウィスキを飲まれた。

– 직접수동문과 간접수동문은, 수동자가 받는 어떤 영향이 직접적인가 간접적인가 하는 상황에 있어서 차이를 보일 뿐, 수동자를 주어로 한다는 점, 동작주를 に격으로 처리한다는 점 등은 차이를 보이지 않는다.

● **동사의 수동형 만들기**

〈1군 동사(자음어간동사)의 수동형〉

– 동사 어미를 -a로 하면서 거기에 조동사 「れる(reru)」를 결합시킨다.

飲む(nom-u) → 飲まれる(nom-a+reru)
殺す(koros-u) → 殺される(koros-a+reru)
叱る(sikar-u) → 叱られる(sikar-a+reru)

〈2군 동사(모음어간동사)의 수동형〉

- 동사 어간(어미는 zero)에 바로 조동사 「られる(rareru)」를 결합시킨다.

食べる(tabe-ru) → 食べられる(tabe-ø +rareru)
開ける(ake-ru) → 開けられる(ake-ø +rareru)
見る(mi-ru) → 見られる(mi-ø +rareru)

〈3군 동사(불규칙 동사)의 수동형〉

来る(kuru) → 来られる(ko+rareru)
する(suru) → される(sareru)
発表する → 発表される

▸ 수동형 동사의 활용

- 2군 동사의 활용 패턴에 따라 활용한다.

기본형	飲まれる	殺される	見られる	食べられる
과거형	飲まれた	殺された	見られた	食べられた
중지형	飲まれ	殺され	見られ	食べられ
て형	飲まれて	殺されて	見られて	食べられて
가정형	飲まれれば	殺されれば	見られれば	食べられれば
조건형	飲まれたら	殺されたら	見られたら	食べられたら
열거형	飲まれたり	殺されたり	見られたり	食べられたり

12-2. 사역문(使役文)

사역문(使役文)은 사역(使役) 상황을 표현하는 문의 형식이다. 사역 상황이란, 넓게 규정한다면, '어떤 하나의 사건(事件)이 원인이 되어, 그 결과로서 다른 어떤 사건이 발생하게 되는 상황'이라 할 수 있다. 가령, X라는 사람이 Y라는 사람에게 어떤 지시를 내리고, 그 지시에 따라 Y가 어떤 행위를 하였을 경우와 같은 상황이 전형적인 사역 상황이라 할 수 있겠다. [X가 Y에게 지시하다]라는 사건과 [Y가 (지시에 따라) 어떤 행위를 하다]라는 사건이 인과(因果) 관계로서 복합된 상황인 것이다.

원인(原因)이 되는 사건의 주체를 보통 '사역주(使役主)'라 하고, 결과(結果)로서 일어난 사건의 주체를 '피사역자(被使役者)'라 부르는데, 결국 사역 상황이란, '사역주(使役主)의 어떤 동작 · 작용이 피사역자(被使役者)의 어떤 행위.동작을 불러일으키는 상황'이라 정의할 수 있겠다. 그리고 이러한 사역 상황을 표현하는 문의 형식을 사역문(使役文)이라 하는 것이다.

● 사역문(使役文)의 형식

일본어 사역문의 형식은, 사역주(使役主)가 が격 주어가 되고, 피사역자(被使役者)는 그 취하는 동작의 성격에 따라 に격 혹은 を격 성분으로 나타나게 된다. 동사는 사역동사(使役動詞) 형태를 취하게 된다.

▸ 피사역자(被使役者)의 동작이 자동적(自動的)인 경우

XがYに/をVi-させる。(X는 사역주, Y는 피사역자, Vi는 자동사)

(피사역자인 Y가 に격을 취하는가, を격을 취하는가는 Y의 동작이 자발적인 의지(意志)에 의한 것인지 그렇지 않은 것인지에 따른다. 전자의 경우면 に격, 후자의 경우면 を격을 취한다.)

ex. 太郎が 花子に/を 行かせた。
太郎が 花子に/を 待たせた。
太郎が 花子を/*に 驚かせた。
太郎が 花子を/?に 泣かせた。

▸ 피사역자(被使役者)의 동작이 타동적(他動的)인 경우

XがYにZをVt-させる。(X는 사역주, Y는 피사역자, Vt는 타동사)

(피사역자 Y는 に격으로만 나타난다. Y가 취하는 동작의 목적어가 「Zを」로 나타남.)

ex. 母が子どもにご飯を食べさせた。
母が子どもに薬を飲ませた。
先生が学生に作文を書かせた。

● **사역문(使役文)의 표현 의미**

▶ 강제(强制) 사역

– 사역주가 물리적 동작이나 언어적 지시 등을 통해 강제적으로 피사역자에게 어떤 동작을 하게 하는 상황을 표현하는 경우이다.

ex. 母が子どもによごれた服を脱がせた。
(엄마가 아이에게 더러워진 옷을 벗게 했다.)
警察が犯人に手をあげさせた。
(경찰이 범인에게 손을 들게 했다.)
社長が社員に日曜日も仕事をさせた。
(사장이 사원에게 일요일도 일을 하게 했다.)

▶ 허용(許容) 사역

– 피사역자의 어떤 행위를 제지하지 않고 그대로 하도록 허용해 주

는 상황을 표현하는 경우를 말한다.

ex. 母は子どもを/にもっと遊ばせた。
(엄마는 아이를/아이에게 좀더 놀게 했다.)
両親は子どもを/に友だちとスキーに行かせた。
(부모님은 아이를/아이에게 친구와 스키하러 가게 했다.)

▸ 유발(誘發) 사역

– 어떤 것이 원인이 되어 다른 사람의 심리나 감정에 변화를 일으키는 상황을 표현하는 경우이다.

ex. 太郎はへんな話をしてみんなを困らせた。
(다로는 이상한 이야기를 해서 모두를 곤란하게 했다.)
子どもは病気になって両親を心配させた。
(아이는 병이 나서 부모를 걱정하게 했다.)

▸ 특수한 사역

– 피사역자에게 일어난 어떤 일이 사역주의 부주의로 인한 것이거나, 사역주로 하여금 어떤 책임감을 느끼게 하는 상황을 표현하는 경우이다.

ex. 彼は自分の息子を戦争で死なせた。

(그는 자신의 아들을 전쟁으로 죽게 했다.)

彼は火事で自分の家を焼かせてしまった。

(그는 화재로 자기 집을 태워 버렸다.)

● 사역동사(使役動詞) 만들기

〈1군 동사(자음어간동사)의 사역형〉

- 동사 어미를 -a로 하면서 거기에 조동사 「せる(seru)」를 결합시킨다.

行く(ik-u) → 行かせる(ik-a+seru)

読む(yom-u) → 読ませる(yom-a+seru)

待つ(mats-u) → 待たせる(mat-a+seru)

遊ぶ(asob-u) → 遊ばせる(asob-a+seru)

〈2군 동사(모음어간동사)의 사역형〉

- 동사 어간 형태(어미는 zero)에 조동사 「させる(saseru)」를 결합시킨다.

食べる(tabe-ru) → 食べさせる(tabe- ø +saseru)

寝る(ne-ru) → 寝させる(ne- ø +saseru)

起きる(oki-ru) → 起きさせる(oki- ø +saseru)

見る(mi-ru) → 見させる(mi- ø +saseru)

〈3군 동사(불규칙동사)의 사역형〉

来る(kuru) → 来させる(ko+saseru)

する(suru) → させる(saseru)

発表する → 発表させる

▶ 사역동사의 활용(活用)

－2군 동사의 활용 패턴에 따라 활용한다.

기본형	飲ませる	殺させる	見させる	食べさせる
과거형	飲ませた	殺させた	見させた	食べさせた
중지형	飲ませ	殺させ	見させ	食べさせ
て형	飲ませて	殺させて	見させて	食べさせて
가정형	飲ませれば	殺させれば	見させれば	食べさせれば
조건형	飲ませたら	殺させたら	見させたら	食べさせたら
열거형	飲ませたり	殺させたり	見させたり	食べさせたり

12-3. 가능동사(可能動詞) 문

가능동사(可能動詞) 문이란 '~할 수 있다'는 가능함을 표현하는 문의 형식이다. 일반 동사를 가능동사로 바꾸면, 일반 동사일 때의 문 구조에 변동이 일어나 가능동사 문으로 재편된다는 점에서 수동문(受動文), 사역문(使役文)과 함께 태의 범주에 넣어 설명한다. 단, 자동사일 때는 가능동사로 바뀌더라도 문 구조의 변동은 나타나지 않는다.

私は 英語を 話す。↔ 私(に)は 英語が 話せる。

(「話す」의 を격 목적어 「英語を」가 가능동사 「話せる」에 대해서는 「英語が」라는 が격 주어로 바뀐다.)

▸ 가능동사 만들기

〈1군 동사(자음어간동사)의 경우〉

– 동사 어간에 접사 -e가 첨가되고 거기에 어미 -ru가 붙는다.

言う(iw-u) → 言える(iw-eru)
書く(kak-u) → 書ける(kak-eru)
読む(yom-u) → 読める(yom-eru)
乗る(nor-u) → 乗れる(nor-eru)
話す(hanas-u) → 話せる(hanas-eru)

〈2그룹 동사(모음어간동사)의 경우〉

– 동사 어간에 조동사 「られる」가 결합한 형태이다.

食べる(tabe-ru) → 食べられる(tabe- ø +rareru)

寝る(ne-ru) → 寝られる(ne- ø +rareru)

起きる(oki-ru) → 起きられる(oki- ø +rareru)

見る(mi-ru) → 見られる(mi- ø +rareru)

〈3그룹 동사(불규칙 동사)의 경우〉

来る(kuru) → 来られる(ko+rareru)

する(suru) → できる(dekiru)

運転する → 運転できる

● **가능동사 문의 형식**

[주체]に/は [대상]が [가능동사]

ex. 太郎は英語が話せる。

(다로는 영어를 할 수 있다.)

私はなっとうが食べられる。

(나는 낫토를 먹을 수 있다.)

マリーさんは運転できますか。

(마리 씨는 운전할 수 있습니까?)

私にそんなことができるものか?

(나에게 그런 일이 가능하기나 할까?)

[주체]は [가능동사]

ex. 私は1,000メトルぐらい泳げる。

(나는 1,000미터 정도 헤엄칠 수 있다.)

－가능동사 문의 의미에는 〈능력의 가능〉과 〈조건의 가능〉이 있다.

〈능력의 가능〉 ex. 私はなっとうが食べられる。

(나는 낫토를 먹을 수 있다.)

私はフランス語が読める。

(나는 프랑스어를 읽을 수 있다.)

〈조건의 가능〉 ex. このプールでは午後８時まで泳げる。

(이 풀에서는 오후 8시까지 헤엄칠 수 있다.)

13. 무드(ムード) 범주

'무드(ムード) 범주'란 화자(話者)의 심리적 태도(態度)의 표현과 관련한 문법적 현상들로 이루어지는 범주를 말한다. 보통 하나의 문이 표현하는 의미 내용은 '객관적 사태에 관한 정보'와 그 문을 발화하는 '화자의 심리적 태도에 관한 정보'가 포함되어 있는데, 이 중 화자의 심리적 태도에 관한 것이 문법적 형식에 의해 표현되는 것을 '무드 범주'에 속하는 현상들이라 할 수 있다. '서법(敍法) 범주'라 칭하기도 한다. 화자의 심리적 태도는, 해당 문이 서술하는 '객관적 사태'에 대한 경우와, 대화 상대인 '청자'에 대한 경우로 나누어 볼 수 있다. 단정과 추정, 원망, 의지, 설명, 의문, 명령, 의뢰 등이 무드 범주에 속하는 현상들이다.

13-1. 단정(断定)과 추정(推定)

하나의 문이 표현하는 의미는 참(truth)과 거짓(falsity)을 따져 볼 수 있는 명제적(命題的) 정보, 즉 객관적 사태(事態)에 대한 정보와 함께 발화자(發話者)의 발화시의 심리적 태도(무드, mood)가 아우러져 성립하는 것이다. 가령, 어떤 사태의 발생 여부에 대한 화자의 믿음이 어떠한가에 따라, 단정적(斷定的) 기분으로 말할 수도 있고, 추정적(推定的) 태도로 말할 수도 있는 것이다.

あしたは、雨が降る。(단정적 태도)
あしたは、雨が降るだろう。(추정적 태도)

발화자의 심리적 태도가 일정한 문법적 형식으로 표현되는 것을 '무드(ムード)' 혹은 '서법(敍法)'이라 하는데, 일본어에도 다양한 형식에 의한 '무드(=서법)' 표현들이 하나의 범주를 이루고 있다.

단정과 추정도 '무드(=서법)' 범주에 속하는 것이다.

■ 단정(断定)

단정적 태도는 동사나 형용사 등 술어의 기본형 및 과거형으로 표현된다. 동사의 기본형은 앞으로 일어날 일에 대해, 과거형은 과거의 일에 대해 화자의 단정적 태도를 표현한다. 형용사의 기본형 및 과거형은 현재나 과거의 어떤 상태나 성질에 대한 화자의 단정적 무드를 표현한다.

ex. わたし、明日ソウルへ行く。
(나, 내일 서울 간다.)

きのう市内で友だちに会った。
(어제 시내에서 친구를 만났다.)
ほんとうに寒い。
(정말로 춥다.)
あの店のラーメンはおいしかった。
(저 가게의 라면은 맛있었다.)

– 단정적 표현은 화자 자신의 행위나 감정, 감각 등에 말할 때 자주 쓰이는데, 왜냐면 자기 자신의 일은 자신이 가장 잘 알고 있고, 그만큼 믿음의 정도가 크기 때문일 것이다. 반면, 타인의 행위나 감정, 감각 등에 대해서는 추정적 표현이 많이 쓰일 것은 당연한 이치이다.
– 항상적 진리나 일반적 사실 등에 대해서도 단정적 표현을 쓰게 된다.

ex. 日は東からのぼる。(해는 동쪽에서 뜬다.)
地球は太陽の回りをを回る。(지구는 태양의 주위를 돈다.)
春になると桜の花がさく。(봄이 되면 벚꽃이 핀다.)
2に2をたすと4になる。(2에 2를 더하면 4가 된다.)

■ 추정(推定)

추정적 무드는 다양한 형식에 의해 표현된다. 「だろう」, 「そうだ」, 「ようだ」, 「らしい」, 「かもしれない」, 「にちがいない」, 「はずだ」 등을

문말(文末), 술어 바로 뒤에 결합시킴으로써 다양한 추정 표현을 하게 된다.

판단의 근거가 되는 정보량의 차이, 거기에 따르는 화자의 믿음의 정도에 따라 추정 표현의 선택이 이루어지는 것이다.

~だろう(でしょう)

- 지정사「だ」(「です」)의 추정형(推定形)에서 유래하여 문말(文末) 조동사로서 전환된 것이다. 선행하는 문을 추정 표현으로 만들어 준다.「~でしょう」는 정중체이다.
- 판단의 근거가 되는 정보량이 충분하지 않아, 화자의 믿음의 정도(확신도)가 약할 때 쓰이는 추정 표현이다. 막연한 추측이라 할 수 있다. 문말 억양을 약간 상승조(上昇調)로 하면 상대에 대한 추측의문(推測疑問)의 표현이 된다.

▶ 동사의 기본형이나 과거형 뒤에 결합

明日は、雨が降るだろう。(내일은 비가 내리겠지.)
列車はもうソウル駅についただろう。(열차는 벌써 서울역에 도착했겠지.)

▶ い형용사의 기본형이나 과거형 뒤에 결합

あの映画、おもしろいだろう。(저 영화 재미있겠지.)

きのうのパーティーはたのしかっただろう。(어제 파티는 즐거웠겠지.)

▸ な형용사의 어간이나 과거형 뒤에 결합

あの人、親切だろう。(저 사람, 친절하겠지.)
きのうはクリスマスイブだったから、町はにぎやかだっただろう。
(어제는 크리스마스이브였으니까 거리는 번잡했겠지.)

▸ 명사 술어의 경우 명사 바로 뒤나 과거형 뒤에 결합

彼は大学生だろう。(그는 대학생이겠지.)
あの人、何年か前は、歌手だっただろう。
(저 사람, 몇 년인가 전에는 아마 가수였었지.)

~かもしれない(かもしれません)

- 의문조사「か」와 부조사「も」, 동사「知る」의 가능형의 부정형이 결합한 복합 형식인데, 전체가 한 덩어리로서 추정을 표현하는 문법적 형식의 역할을 한다.
- 어떤 사태 성립에 대한 화자의 반신반의하는 태도를 표현하는 것이다. 한국어 '~(할)지도 모르다'에 꼭 대응하는 표현이다.

▶ 동사 기본형이나 과거형 뒤에 결합

彼は明日ソウルへ行くかもしれない。(그는 내일 서울에 갈지도 모른다.)
彼はもう国へ帰ったかもしれない。(그는 벌써 자기 나라에 돌아갔을지도 모른다.)

▶ い형용사의 기본형이나 과거형 뒤에 결합

あのカメラはかなり高いかもしれない。
(저 카메라는 꽤 비쌀지도 모른다.)
この問題は学生たちにちょっと難しかったかもしれない。
(이 문제는 학생들에게 좀 어려웠을지도 모른다.)

▶ な형용사의 어간이나 과거형에 결합

この問題の解決は予想外簡単かもしれない。
(이 문제의 해결은 예상외로 간단할지도 모른다.)
あれはちょっと無理だったかもしれない。
(저것은 좀 무리였을지도 모른다.)

▶ 명사 술어의 경우 명사 바로 뒤나 과거형 뒤에 결합

あの人は日本人かもしれない。(저 사람은 일본인일지 모른다.)

東京はきのう雨だったかもしれない。(동경은 어제 비였을지 모르다.)

~そうだ

- 화자가 어떤 대상의 외관(겉모습)으로부터 받은 인상을 토대로 그것의 성질을 추측하여 서술할 때 쓰이는 문법적 표지이다. 조동사(助動詞)로 분류된다.
- 한국어로 '~어 보이다', '~ 것 같다'로 해석한다.

▶ 동사 중지형(=ます형)에 결합

かばんがあみだなから落ちそうだ。(가방이 그물선반에서 떨어질 것 같다.)
彼は、将来歌手になりそうだ。(그는 장래 가수가 될 것 같다.)

▶ い형용사의 어간에 결합

- 단, 「よい」와 「ない」의 경우 「よさそうだ」, 「なさそうだ」가 된다.

このりんごはおいしそうだ。(이 사과는 맛있을 것 같다.)
あの映画はおもしろそうだ。(저 영화는 재미있을 것 같다.)
このアパートはよさそうだ。(이 아파트는 좋아 보인다.)
問題はなさそうだ。(문제는 없을 것 같다.)

この家は新しくなさそうだ。(이 집은 새로운 것 같지 않다.)

▶ な형용사의 어간에 결합

この町は静かそうだ。(이 동네는 조용할 것 같다.)

– 명사나 「명사+だ」 뒤에는 나타나지 않는다. 단, 「명사+だ」의 부정형 뒤에는 가능하다.

* 田中さんは会社員そうだ。(→ 田中さんは会社員らしい。)
田中さんは会社員じゃなさそうだ。

–「동사 연용형(=ます형)+そうに/もない」

この問題は学生にはできそうに/もない。

~らしい

– 화자가 자신이 듣거나, 읽거나, 본 어떤 정보에 입각하여 추측을 할 때 사용한다.
–「~そうだ」가 본 것을 토대로 한 단순한 추측임에 비해, 「~らしい」는 좀 더 신빙성 있는 정보를 토대로 한 추측이라 할 수 있다.
– 동사 기본형이나 과거형, い형용사의 기본형이나 과거형, な형용사의 어간이나 과거형, 명사 바로 뒤나 「명사+だった」 뒤에 결합

한다.

彼は旅行に出かけるらしい。(그는 여행을 떠날 모양이다.)
傘をさしていないところをみると、雨はもうやんだらしい。
(우산을 쓰고 있지 않은 것을 보면 비는 이제 그친 것 같다.)
今年はつゆ明けが遅いらしいです。
(올해는 장마가 늦게 끝날 모양이다.)
彼の話を聞くと、かなり大変らしい。
(그의 이야기를 들으면 상당히 힘든 것 같다.)
向うから山田さんらしい人がやってきました。
(상대방 쪽에서 야마다 씨인 듯한 사람이 찾아왔습니다.)
夜中に雨が降ったらしく、地面が濡れています。
(밤중에 비가 내린 듯 지면이 젖어 있습니다.)

~ようだ

– 직접적이고 신뢰할 만한 정보, 주로 화자 자신이 직접 본 것을 토대로 한 추정 표현이다. 사태의 성립에 대한 화자의 믿음이 상당히 강한 편이다.

▶ 동사의 기본형이나 과거형 뒤에 결합

田中さんは来月中国へ行くようだ。(다나카 씨는 다음달 중국에 갈 모양이다.)

彼女はもう帰ったようだ。(그녀는 벌써 돌아간 듯하다.)

▶ い형용사의 기본형이나 과거형에 결합

この問題は学生にはちょっと難しいようだ。
(이 문제는 학생에게는 좀 어려운 듯하다.)
彼女にとって英語はちょっと難しかったようだ。
(그녀에게 영어는 좀 어려웠던 듯하다.)

▶ な형용사의 연체형(な형) 또는 과거형에 결합

山田さんはスポーツが好きなようだ。
(야마다 씨는 스포츠를 좋아하는 듯하다.)
彼女は若い頃は歌手として有名だったようだ。
(그녀는 젊었을 적에는 가수로서 유명했던 것 같다.)

▶ 「명사+の」, 「명사+だった」에 결합

あの人は田中先生のようだ。
(저 사람은 다나카 선생님인 듯하다.)
あの人は一時英語の先生だったようだ。
(저 사람은 한때 영어 선생님이었던 듯하다.)

- 명사 앞에서 「ような」, 동사 앞에서 「ように」와 같이 활용한다.

今日田中さんのような人を見ました。
(오늘 다나카 씨인 듯한 사람을 보았습니다.)
スミスさんは日本人のように日本語を話します。
(스미스 씨는 일본인처럼 일본어를 합니다.)

~にちがいない

- 조사 「に」와 명사 「ちがい」, 형용사 「ない」가 결합해 이루어진 복합 형식으로서, 전체가 한 덩어리로서 문말 서법 표지의 역할을 한다. 단언(斷言)은 아니지만, 해당 사태 성립에 대해 화자가 강한 확신을 가지고 있음을 표현한다. 한국어 '~임에 틀림 없다'에 대응한다.
- 동사나 い형용사 술어의 기본형 또는 과거형 뒤에 결합하거나, な형용사 어간 또는 과거형, 명사 바로 뒤 또는 「명사+だった」 뒤에 결합한다.

あの人は有名な俳優にちがいない。(저 사람은 유명한 배우임에 틀림없습니다.)
ショックが大きいにちがいない。(쇼크가 컸음에 틀림없다.)
いつかは合格するにちがいない。(언젠가는 합격할 것임에 틀림없다.)
デートが楽しかったにちがいない。(데이트가 즐거웠음에 틀림없다.)
彼は、幸せにちがいない。(그는 행복한 것이 틀림없다.)

~はずだ

- 형식명사 「はず」에 지정사 「だ」가 결합한 형식인데, 전체로서 추정을 표현하는 문말 서법 표지의 역할을 한다. 일정한 근거에 기초한 추론을 통해 화자의 강한 확신(確信)을 표현할 때 사용한다. 화자의 확신도가 높은 추정 표현이다.
- 동사나 い형용사의 기본형이나 과거형, な형용사의 な형이나 과거형 뒤, 「명사+の」나 「명사+だった」에 결합한다.

そう約束しておいたから、もうすぐ彼は顔を見せるはずだよ。
(그렇게 약속해 두었으니까, 이제 곧 그는 얼굴을 보일 것이 분명해.)
かばんも何もないんだから、彼女はもう帰ったはずだ。
(가방이고 뭐고 없으니까 그녀는 벌써 돌아간 것이 틀림없어.)
今晩こんなに寒いんだから、明日もきっと寒いはずだ。
(오늘밤 이렇게 추우니까 내일도 분명히 추울 것이다.)

- 「~しないはずだ」, 「~するはずがない」

太郎はパーティー来ないはずだ。
(다로는 파티에 오지 않을 것이 분명해.)
太郎はパーティーに来るはずがない。
(다로는 파티에 올 리가 없어.)

13-2. 원망(願望)과 의지(意志)

발화되는 문에 의해 서술되는 객관적 사태 내용과 관련하여 화자가 가지는 심리적 태도, 즉 원망(願望)이나 의지(意志)를 일정한 언어 형식으로 표현한 것이다.

■ 원망(願望)

어떤 사태의 성립을 바라는 화자의 마음을 표현하는 서법(敍法)의 한 가지다. 조동사「たい」를 동사에 접속시켜 해당 동작 · 행위가 자신에게 일어날 것을 바라는 마음을 표현하게 된다. 다른 사람이 어떤 동작이나 행위를 해 주기를 바라는 경우에는「~てほしい」라는 동사「て」형에 감정형용사「ほしい」의 연결 형식에 의해 표현한다.

~が(を)~たい

－동사 중지형(연용형)에「たい」가 결합한다.

〈1그룹 동사와의 결합형〉

買う →買いたい
歩く →歩きたい
飲む →飲みたい
乗る →乗りたい

遊ぶ →遊びたい

〈2그룹 동사와의 결합형〉

食べる →食べたい

寝る →寝たい

起きる →起きたい

見る →見たい

いる →いたい

冷たいビールが飲みたい。(차가운 맥주가 마시고 싶다.)

旅行に行きたい。(여행 가고 싶다.)

富士山にのぼりたい。(후지산에 올라가고 싶다.)

友だちに会いたい。(친구를 만나고 싶다.)

日本の会社ではたらきたい。(일본 회사에서 일하고 싶다.)

今は何も食べたくない。(지금은 아무것도 먹고 싶지 않다.)

きょうは勉強したくない。(오늘은 공부하고 싶지 않다.)

-「~たい」는 い형용사처럼 활용한다.

「~たかった」「~たく」「~たくて」「~たければ」「~たかったら」「~たかったり」

行きたい	飲みたい	見たい	食べたい
行きたかった	飲みたかった	見たかった	食べたかった
行きたく	飲みたく	見たく	食べたく
行きたくて	飲みたくて	見たくて	食べたくて
行きたければ	飲みたければ	見たければ	食べたければ
行きたかったら	飲みたかったら	見たかったら	食べたかったら
行きたかったり	飲みたかったり	見たかったり	食べたかったり

～てほしい

–상대의 어떤 동작을 바랄 때, 혹은 어떤 상태 혹은 상황 변화가 일어나기를 바랄 때 사용한다. '~해 주길 바라.', '~되었으면 해.'

会議の予定が決まったら、すぐ知らせてほしい。
(회의의 예정이 정해지면 곧 알려주기 바라.)
私のそばにいてほしい。
(내 곁에 있어 주었으면 해.)
林さんに来てほしい。
(하야시 씨가 와주었으면 해.)
早く授業が終わってほしい。
(빨리 수업이 끝나면 좋겠어.)
暖かくなってほしい。
(따뜻해졌으면 좋겠어.)

■ 의지(意志)

어떤 동작 · 행위를 하겠다는 화자(話者)의 의지(意志)를 표현한다. 동사 기본형(基本形)이나 의지형(意志形)을 이용해 표현한다.

● 동사 기본형(基本形)

－상대에게 자신의 의지를 표명할 때 사용한다.

じゃ、私は先に行きます。(그럼 먼저 가겠습니다.)
もう、そろそろ失礼します。(이제 그만 실례하겠습니다.)
あ、それは私が持ちます。(아, 그것은 제가 들겠습니다.)

● 동사 의지형(意志形)

－혼잣말로 자신의 의지를 표현할 때 쓰이며, 상대에게 말하는 경우에는 어떤 행위를 함께 하자는 권유(勸誘)의 표현이된다.

きょうは早く家へ帰ろう。(오늘은 일찍 집에 돌아가자.)
疲れたからちょっと休もう。(피곤하니까 좀 쉬자.)
そろそろ寝よう。(슬슬 자자.)
コーヒーでも飲もう。(커피라도 마시자.)

● 「동사 의지형+と思う」

一年ぐらいアメリカへ留学しようとおもいます。

(1년 정도 미국에 유학하려고 합니다.)

明日やまにのぼろうとおもいます。

(내일 산에 올라가려고 합니다.)

今年からはたばこをやめようと思います。

(올해부터는 담배를 끊으려고 합니다.)

夏休みには国へ帰ろうと思います。

(여름방학에는 우리나라로 돌아가려고 합니다.)

友だちといっしょに映画を見ようと思います。

(친구와 함께 영화를 보려고 합니다.)

● 「동사 기본형+つもりだ」

もう会社をやめるつもりです。

(이제 회사를 그만둘 생각입니다.)

来年はかならず結婚するつもりです。

(내년에는 반드시 결혼할 생각입니다.)

あさって帰ってくるつもりです。

(모레 돌아올 생각입니다.)

今から1時間ぐらい歩くつもりです。

(지금부터 1시간 정도 걸을 생각입니다.)

▸ 동사의 의지형 만들기

〈1군 동사(자음어간동사)의 의지형〉

買う(kaw-u) → 買おう(kaw-oo)

行く(ik-u) → 行こう(ik-oo)

急ぐ(isog-u) → 急ごう(isog-oo)

話す(hanas-u) → 話そう(hanas-oo)

待つ(mats-u) → 待とう(mat-oo)

遊ぶ(asob-u) → 遊ぼう(asob-oo)

帰る(kaer-u) → 帰ろう(kaer-oo)

〈2군 동사(모음어간 동사)의 의지형)

食べる(tabe-ru) → 食べよう(tabe-yoo)

かける(kake-ru) → かけよう(kake-yoo)

寝る(ne-ru) → 寝よう(ne-yoo)

起きる(oki-ru) → 起きよう(oki-yoo)

見る(mi-ru) → 見よう(mi-yoo)

〈3군 동사(불규칙동사)의 의지형〉

来る(kuru) → 来よう(koyoo)

する(suru) → しよう(siyoo)

勉強する→勉強しよう

13-3. 설명(說明)의 무드

이야기의 전개 과정에서 무언가에 대해 설명하고자 하는 화자의 태도가 언어적 표지에 의해 명시적으로 표현되는 경우를 말한다. 어떤 사태가 성립하게 된 배경이나 근거, 이유 등을 설명한다거나, 사태 성립의 이치(理致)나 본질(本質), 당위성(當爲性) 등을 설명하고자 하는 화자의 심리적 태도가 일정한 언어 형식으로 표현되는 것이다.

문말(文末)의 조동사 「のだ」, 「わけだ」, 「ものだ」, 「べきだ」 등이 문법적 표지가 된다.

~のだ(のです)

- 어떤 사태가 있게 된 배경에 대해 설명하고자 할 때 쓰인다. 상대에게 어떤 사태에 대한 설명을 요구하는 경우에도 쓰인다. 어떤 일에 대해 화자 스스로 설명적인 태도로 말하면서 상대의 관심이나 반응을 유도하는 경우에도 쓰인다. 축약된 형태 「んだ(んです)」로 많이 쓰인다.

きのうはおやすみでしたね。(어제는 쉬셨죠.)
ーええ、熱があったんです。(예, 열이 있었어요.)

遅れましたね。(늦었군요.)
ーええ、途中に渋滞があったんです。(예, 도중에 교통 정체가 있었어요.)

ちょっと用事があるんですが、きょうは早く帰ってもいいでしょうか。
(좀 볼일이 있는데요, 오늘은 일찍 돌아가도 되겠습니까.)

~わけだ(わけです)

– 어떤 사태의 성립이 이치(理致)에 따르는 당연한 결과임을 표현할 때 쓰인다.

あ、窓があいている。寒いわけだ。
(아, 창문이 열려 있네. 추울 수밖에.)

こっちは東、こっちは西だから、こっちが南になるわけですね。
(이쪽은 동쪽, 이쪽은 서쪽이니까, 이쪽이 남쪽이 되는 셈이군요.)

この本は専門書ですが、そんなに難しいわけではありません。
(이 책은 전문서이지만, 그렇게 어려운 것은 아니에요.)

~ものだ(ものです)

–사물의 본질적인 속성에 대해 이야기할 때, 어떤 당연한 이치(理致)나 도리(道里)에 대해 말할 때 쓰인다. 과거의 어떤 사태에 대해 회상(回想)적으로 언급할 때에도 쓰인다.

子どもはいたずらをするものだ。
(아이는 장난을 하는 거야.)
母は自分の子どもをあいするものだ。
(엄마는 자기 아이를 사랑하는 법이다.)
子どものころはよく公園で遊んだものだ。
(아이 적에는 공원에서 자주 놀곤 했다.)

~べきだ(べきです)

–어떤 사태 성립의 당위성(當爲性) 혹은 사회적 책임성(責任性)을 표현하고자 할 때 사용된다.

忙しい日は朝早く起きるべきだ。
(바쁜 날은 아침 일찍 일어나야 한다.)
お客さんが来る前に準備しておくべきです。
(손님이 오기 전에 준비해 두어야 합니다.)

13-4. 의문(疑問)

화자(話者)가 청자(聽者)에게 미지(未知)의 정보를 구하는 무드(=서법) 범주의 한 가지다. 화자 자신에게 자문(自問)하는 경우도 있다. 어떤 사태의 진위(眞僞)를 묻거나, 미지(未知)의 사항에 대한 정보를 구하거나 하는 것이다.

■ 의문문의 형식

- 조사 「か」를 문말(文末)에 첨가하여 만들어진다.

  [[보족어1] …[보족어n][술어]]+か

- 동사 · 형용사 · 명사 술어 문의 뒤에 첨가되는데, 정중체에 결합된 경우가 주로 쓰인다.

  ex. 学校へ行くか。
  学校へ行きますか。
  そとは寒いか。
  そとは寒いですか。
  マリーさんは学生か。
  マリーさんは学生ですか。

- 조사 「か」는 약간 상승조의 억양을 받는다.

– 일상 회화에서는 조사 「か」를 사용하지 않고, 단지 문말 억양을 상승조로 올림으로써 의문문의 역할을 수행할 수 있다. 「명사+だ」의 경우, 「だ」를 탈락시키고 상승 억양을 더한다.

ex. 学校へ行く(↗)。
学校へ行きます(↗)。
これ、高い(↗)。
これ、高いです(↗)。
試験はあした(↗)。
試験はあしたです(↗)。

■ 의문문(疑問文)의 유형

● 진위(眞僞) 의문문

어떤 사태나 사항의 진위를 묻는 의문문이다. 대답은 「はい」나 「いいえ」로 해야 한다.

ex. あした、ソウルへ行きますか。 ―はい、行きます。
(내일 서울에 갑니까?) (예, 갑니다.)
いいえ、行きません。
(아니오, 가지 않습니다.)

● 선택 의문문

상대에게 선택을 요구하는 의문문이다. 선택 의문문은 단일 의문

문을 반복하는 것이다. 대답은 「はい」나 「いいえ」를 사용할 수 없다. 제시된 사항 중 한 가지를 선택하는 대답을 한다.

ex. おふろは熱いですか、ぬるいですか。ー熱いです。
(욕조는 뜨겁습니까, 미지근합니까?) (뜨겁습니다.)
きょう行きますか、あした行きますか。ーあした行きます。
(오늘 갑니까, 내일 갑니까?)　(내일 갑니다.)

두 가지 중 어느 쪽인가를 묻는 경우, 「Aと Bと どちらが ～」 형식을 사용한다.

ex. これとそれとどちらがお好きですか？
(이것과 그것 중 어느 쪽을 좋아하십니까?)

● **의문사(疑問詞) 의문문**

문의 한 요소가 미지의 사항이고, 그것을 의문사로 나타낸 의문문이다. 대답은 「はい」나 「いいえ」로 하지 않고, 의문사에 대한 정보만을 답하게 된다.

ex. それは何ですか？ーこれは日本語の本です。
(그것은 무엇입니까?) (이것은 일본어 책입니다.)
どこへ行きますか？ー食堂へ行きます。
(어디 가십니까?) (식당에 갑니다.)

▸ 의문대명사(疑問代名詞)

なに(何) 무엇, だれ(誰) 누구, どこ 어디, どれ 어느 것,
どちら 어느 쪽,　いくつ(幾つ) 몇, いくら 얼마

▸ 의문부사(疑問副詞)

どう 어떻게, いかが(如何) 어떻게, なぜ(何故) 왜, どうして 어째서, なんで 어째서

–의문사가 한꺼번에 여러 개 나타나는 의문문을 만들 수 있다.

ex. 田中さんはいつ、だれと、どこへ行きますか？
(다나카 씨는 언제, 누구와, 어디에 갑니까?)

–보통체 회화에서, 남자들은 진위 의문문에서「～かい？」나「～のかい」를 사용하기도 한다. 의문사 의문문에서는「～んだい？」를 쓰기도 한다.

ex. 行くのかい？
　いつ行くんだい？

여자들의 경우, 문말에「の」를 붙여 의문문을 만들기도 한다.

ex. 行くの？
もうおでかけですの？
これ、何なの？

– 진위 의문문에 대한 대답은 정중도(丁重度)에 따라 다양하게 나타난다.

긍정의 대답 :「はい」,「ええ」,「うん」
부정의 대답 :「いいえ」,「いいや/いや」,「ううん」

● **부정(否定) 의문문**

– 동사 부정형에 조사「か」를 첨가함으로써 만들어진다. 부정문(보통체 혹은 정중체)의 문말 억양을 올려주는 것만으로도 가능하다.
청자는 질문자의 질문 취지(확인 요청)에 동의하면, 내용 자체는 부정적이라도 대답은「はい(ええ)」로 하게 된다.

ex. 行きませんか？ーはい、行きません。
(안 갑니까?) (예, 안 가요.)
いいえ、行きます。
(아니오, 갑니다.)
行かない？ (안 가?)
行きませんでした？ (안 갔어요?)

– 부정 의문문은 청자에 대한 청유(請誘)의 의미를 표현하기도 한다.

ex. いっしょに食事に行きませんか？
(함께 식사하러 가지 않겠어요?)
いっしょに行かない？ (함께 가지 않을래?)

● **부가 의문문**

– 동사 기본형이나 과거형 뒤에 「だろう/でしょう」를 부가함으로써 상대에게 확인을 구하는 의문문을 만든다.

ex. あした、ソウルへ行くでしょう(↗)。
きのうコンサートに行かなかったでしょう(↗)。

– 조사 「ね」를 부가해도 상대에게 확인을 구하는 부가적 의문문이 된다.

ex. きのうコンサートに行きませんでしたね(↗)。

13-5. 명령(命令)과 의뢰(依頼)

명령(命令)은 화자가 상대에게 어떤 동작 · 행위를 할 것을 요구하는 서법의 한 가지다. 의뢰(依頼)도 상대에게 무언가를 해 줄 것을 요청한다는 점에서 명령과 유사하다고 할 수 있지만, 상대에 대한 배려나 존중이라는 면에서 명령과는 차이가 있는 서법 표현이라 하겠다.

명령 표현은 동사의 명령형(命令形)을 사용하는 방법과 동사의 중지형(中止形)에 「なさい」가 결합한 형식을 사용하는 방법이 있다. 다만, 동사의 명령형은 주로 남자들에 의해 사용되며, 강압적인 느낌을 주기 때문에 그 사용이 제한적이다.

● 동사의 명령형

〈1군 동사(자음어간동사)의 명령형〉

– 동사 어간에 어미 -e가 부착된 형태이다.

기본형	명령형
行く(ik-u)	行け(ik-e)
読む(yom-u)	読め(yom-e)
待つ(mats-u)	待て(mat-e)
座る(suwar-u)	座れ(suwar-e)
話す(hanas-u)	話せ(hanas-e)

〈2군 동사(모음어간동사)의 명령형〉

– 동사 어간에 어미 -ro가 부착된 형태이다.

기본형	명령형
食べる(tabe-ru)	食べろ(tabe-ro)
寝る(ne-ru)	寝ろ(ne-ro)
起きる(oki-ru)	起きろ(oki-ro)
見る(mi-ru)	見ろ(mi-ro)

〈3군 동사(불규칙동사)의 명령형〉

来る(kuru)	来い(koi)
する(suru)	しろ(siro)
勉強する	勉強しろ

ex. もっと速く走れ。(더 빨리 달려라.)
　ボールを投げるから受けろ。(공을 던질 테니 받아라.)
　運転には気をつけろ。(운전 조심해라.)
　もっと頑張れ。(더 분발해라.)

● 동사 중지형(中止形) +「なさい」.

〈1군 동사(자음어간동사)의 경우〉

行く(ik-u) → 行きなさい(ik-i+nasai)

読む(yom-u) → 読みなさい(yom-i+nasai)

待つ(mats-u) → 待ちなさい(matʃ-i+nasai)

乗る(nor-u) → 乗りなさい(nor-i+nasai)

〈2군 동사(모음어간동사)의 경우〉

食べる(tabe-ru) → 食べなさい(tabe- ø +nasai)
寝る(ne-ru) → 寝なさい(ne- ø +nasai)
起きる(oki-ru) → 起きなさい(oki- ø +nasai)
見る(mi-ru) → 見なさい(mi- ø +nasai)

〈3군 동사(불규칙동사)의 경우〉

来る(kuru) → 来なさい(ki+nasai)
する(suru) → しなさい(si+nasai)
勉強する → 勉強しなさい

-「なさい」는 「する」의 존경형 동사인 「なさる」의 명령형에서 비롯된 것인데, 동사 뒤에 결합해 규칙적으로 명령 형식을 만드는 문법적인 요소가 된 것이다. 가장 일반적으로 쓰이는 명령 형식이지만, 명령의 의미적 특성상 역시 상위자에게는 쓰기 어렵다..

ex. 早く寝なさい。(일찍 자거라.)
熱心に勉強しなさい。(열심히 공부하여라.)
席に座りなさい。(자리에 앉아라.)
質問に答えなさい。(질문에 답하시오.)
もっと頑張りなさい。(더 분발하시오.)

● **부정(否定) 명령**

– 동사 기본형에 조사「な」를 첨가함으로써 이루어진다. 금지(禁止)를 의미함.

ex. 壁に落書きするな。(벽에 낙서하지 마.)
変なもの食べるな。(이상한 것 먹지 마.)
酒を飲んだら運転するな。(술을 마셨으면 운전하지 마.)
うそをつくな。(거짓말하지 마.)

● **「~てください」**

– 동사의「-て」형에「ください」를 결합한 형식도 명령 형식의 일종이다.「ください」는「くださる」의 명령형이다. 강한 명령이라기보다 '**의뢰(依頼)**'나 '**요청(要請)**'에 가까운 표현 형식이다.

ex. 電話してください。(전화해 주세요.)
ちょっと待ってください。(잠깐 기다려 주세요.)
気をつけてください。(조심해 주세요.)

「ください」를 생략한 채「~て」만으로 같은 의미를 전달할 수 있다.

ex. ちょっと待って。(잠깐 기다려.)

– 동사의 부정형(否定形)에 「で」가 첨가된 형식에 「ください」가 결합한 「~ないでください」는 의뢰 혹은 요청의 부정 형식이 된다. '~하지 말아 주세요.'

ex. 忘れないでください。(잊지 말아 주세요.)
行かないでください。(가지 말아 주세요.)

「~てください」나 「~ないでください」는 다른 명령 형식에 비해 정중함을 갖춘 의뢰나 요청 형식이기는 하지만, 역시 손윗사람에게는 쓰기 어려운, 명령의 느낌을 주는 표현이다.

● 「~ていただけますか」/「~ていただけませんでしょうか」

– 자신보다 사회적 상위자에게 사용하는 매우 정중함을 갖춘 의뢰 혹은 요청 표현이다. 「いただく」는 「もらう」(받다)의 겸양어로, 그것을 가능 · 정중 · 의문의 형태로 한 것이 「いただけますか」이다. 거기에 다시 부정 · 추측의 의미를 더한 것이 「いただけませんでしょうか」로 상대에 대한 겸양(謙譲)과 정중(丁重)의 정도를 최대한 끌어올린 표현이 된다.

ex. 道を教えていただけますか。(길을 가르쳐 주실 수 있어요?)
これを貸していただけませんでしょうか。(이것을 빌려 주실 수 없을까요?)

14. 경어(敬語)

경어(敬語)란 언어 사용자가 어떤 대상에 대한 사회적인 대우의 기분을 표현하기 위해 사용하는 언어적 표현 방법을 말하다. 즉, 어떤 사람에 대해 존경(尊敬)의 기분을 표현하거나, 혹은 자기 자신을 낮추어 겸손(謙遜)한 태도를 표현하거나, 상대에 대해 정중(丁重)하고 공손(恭遜)한 태도를 표현하거나 하는 등의 표현법이라 할 수 있다. 일본어의 경우 경어가 발달해 있고 일상적으로 쓰이고 있다.

일본어의 경어에 대해서는 크게 세 가지로 구분해 볼 수 있다. 존경어(尊敬語)와 겸양어(謙譲語), 정중어(丁重語)의 세 가지 표현법으로 나눌 수 있다.

■ 존경 표현

1) 존경을 표현하고 싶은 상대의 동작이나 신체 부위, 소유물 등을 나타내는 명사에 접두사 「お一」 또는 「ご一」를 붙여 말한다. 사람에 대해서는 이름 뒤에 접미어 「さん」을 붙이기도 한다. 또한

생활 속에서 매우 소중하거나 귀한 것으로 여기는 것들에 대해서도「お―」를 붙여 존중하는 기분을 표현한다.

ex. お宅, お目, お腹, お口, お子さん, お話, お考え, ご機嫌, ご意見, …
お金, お米, お皿, お湯, お水, ご飯, おかず, お風呂, お手洗い, …

2) 상대의 동작을 서술하는 동사를 존경 표현 형식으로 바꾸어 표현한다. 가령,「帰る」라는 동사를 존경 표현 형식으로 바꾸면「お帰りになる」가 되는 것이다. 즉, 동사를 존경 표현으로 바꾸는 일반적인 방법은 해당 동사의 명사형(연용형)에 접두사「お―」를 첨가하고, 거기에 조사「に」와 변화를 뜻하는 동사「なる」를 연결하는 형식을 만드는 것이다. 동사 명사형에 이어「なさる」(「する」의 존경어)를 연결할 수도 있다.

● お(동사 명사형)+になる

ex. お帰りになる
お思いになる
ご覧になる

● お(동사 명사형)+なさる

ex. お帰りなさる

お話しなさる

– 동사를 존경 표현으로 바꾸는 또 다른 방식으로 조동사「られる(れる)」를 결합한 형식을 이용하는 것이다. 가령,「帰る」에 대해「帰られる」가 존경 표현으로 사용될 수 있는 것이다. 즉, 동사에 조동사「られる」가 결합한 형식이 존경 표현이 되는 것이다.

●「V+られる」

ex. 行かれる
来られる
言われる

– 개별적인 존경 표현 동사를 사용하는 경우도 있다. 가령,「いらっしゃる」는「行く」나「来る」,「いる」에 대한 존경 표현 동사이다.「おっしゃる」는「言う」에 대한 존경 표현이 된다.

ex. いらっしゃる(行く, 来る, いる), おいでになる(行く, 来る, いる), おっしゃる(言う), なさる(する), めしあがる(食べる, 飲む), くださる(くれる), …

3) 형용사 서술에 대해서도 존경 표현을 사용할 수 있다. 가령,「若い」에 대해「お若い」로 표현하는 것이다. 즉, 해당 형용사에 접두사「お—」를 첨가하여 존경의 기분을 표현하는 방식인 것이다.

ex. お若い, おきれい, お上手, お久しぶり, …

「おはようございます。お散歩ですか」(ガ82)

「お母様がおなくなりになったそうで」(ガ82)

「そんなことでしたら、どうぞご遠慮なくおっしゃってくださればよろしかったのに」(ガ83)

「お母様からお聞きになったこと、ございませんか」(ガ84)

「母とはどういうご関係でいらしたのでしょうか」(ガ84)

「あ、ご存知ありませんか、お母様が浦和にいらしたことを」(ガ85)

「でも、あなたはあそこでお生まれになったんですよ、浦和で」(ガ85)

「年よりの昔話だと思ってお聞きくださいな」(ガ86)

「お母様がお話しにならなかったことを私がお話しするのは、出過ぎたことかもしれませんが」(ガ86)

「はい、どうぞお話しください」(ガ86)

「あなたのお母様はなかなかお奇麗な人でしてね」(ガ86)

「いくらか失敬なお話かもしれませんが、昔話ですから、お許しください」(ガ86)

「あなたのお父様には連絡を取っても取りあおうとなさらない」(ガ88)

「お母様はいろいろご苦労をなさったでしょうけれど」(ガ88)

「あなたには関係のない、むしろご迷惑のことだったのかもしれませんが」(ガ96)

「お靴をお作りなんですか。」(ガ108)

「あなた、お笑いになるかもしれませんけど、」(ガ109)

「市内でお泊りですか」(ガ112)

「ぜひおいでなさいまし。車の便があればとてもよろしいところです」(ガ112)

「今日は…あまりお飲みにならないみたい」(ガ114)

「何時でも。日曜日はゆっくりお休みになるんでしょ」(ガ114)

■ 겸양 표현

어떤 상대에 대해 화자가 자신의 행동이나 자신과 관련된 어떤 대상을 언급할 때 그것을 낮추어 표현함으로써 상대에 대한 대우(待遇)의 마음을 표현하는 효과를 가지게 된다.

1) 자기 자신을 가리키거나 자신과 관련된 어떤 대상을 가리킬 때 해당 대상을 낮추어 표현하는 말을 사용한다.

ex. 私(わたし, わたくし), 拙著, 拙作, 拝見, …

2) 상대를 향한 자신의 동작을 서술하는 동사를 겸양 표현 형식으로 바꾸어 표현한다. 가령, 「案内する」를 겸양 표현 형식으로 바꾸면 「ご案内する」 혹은 「ご案内いたす」가 되는 것이다. 즉, 동사를 겸양 표현으로 바꾸는 일반적인 방법은 해당 동사의 명사형(연용형)에 접두사 「お—」를 첨가하고, 거기에 동사 「する」 혹

은 「致(いた)す」,「申し上げる」 등을 연결하는 형식을 만드는 것이다.

● 「お(동사 명사형)+する/いたす」

ex. ご案内する/ご案内いたす
ご紹介する/ご紹介いたす
お聞きする/お聞きいたす

– 개별적인 겸양 표현 동사를 사용하는 경우도 있다. 가령, 「まいる」는 「行く」나 「来る」에 대한 겸양 표현 동사이다. 「うかがう」는 「聞く」나 「行く」, 「来る」에 대한 겸양 표현이 된다.

ex. まいる(行く, 来る), うかがう(行く, 来る, 聞く), いただく(もらう, 食べる, 飲む), お目にかかる(会う), 存じる(思う, 知る), さしあげる(与える, あげる), 致す(する), 申す/申し上げる(言う), 拝見する(見る), 拝借する(借りる), うけたまわる, …

– 「～ていただく」는 동사 て형에 「いただく」라는 겸양 동사가 연결된 것으로, 상대로부터 어떤 은혜를 입는다는 기분을 표현하는 겸양 표현이 된다. 특히 「～して/させていただけますか」는 매우 겸손한 의뢰 표현으로 일상적으로 자주 사용된다.

「まだそんなお齢ではなかったでしょうに。お悔み申し上げます」(ガ82)

「お線香をあげさせていただこうと思いまして…いきなりお訪ねするのも失礼かなと迷っていたんですよ」

(ガ82)

「申し遅れましたが、高瀬と申します」(ガ83)

「いや、よく存じております」(ガ83)

「お母様がお話しにならなかったことを私がお話しするのは、出過ぎたことかもしれませんが」(ガ86)

「いや、遠慮させていただきます」(ガ96)

「今日は失礼させていただきましょう。悪く思わないでくださいませ」(ガ96)

「今日は失礼いたします。ご法事の折りにでも連絡してくださいませ」(ガ97)

■ 정중 표현

정중(丁重) 표현이란 대화 상대방에게 정중함을 표현하기 위해 사용하는 언어 형식이다. 일본어에서는 술어를 정중체 형식으로 하여 표현한다. 동사의 경우 조동사 「ます」를 결합시켜 「Vます」를 사용하며, 형용사 술어 문의 경우 문말에 조동사 「です」를 부가하여 정중체 형식을 만든다. 명사의 경우 지정사 「です」의 결합으로 이루어진다. 대화 상대인 청자에 대한 정중한 말투로 흔히 「です · ます体」라 불리기도 한다.

-「あります」에 대해 「ございます」를 사용하거나, 「~でございます」를 사용하여 상대에 대한 공손(恭遜)함을 표현한다. 특히 가게 등에서 고객에게 안내하는 말을 할 때 흔히 사용한다.

マリーさん、今度の夏休みに国へ帰りますか。

「申し訳ございませんが、今は名刺を持ちませんので…」(ガ83)

「お母様からお聞きになったこと、ございませんか」(ガ84)

「よくおわかりですね」(ガ108)

「けっこうですよ。特に悪いことはございません」(ガ112)

3부

복문의 구성

15. 문의 명사화
16. 연체수식절
17. 접속문

15. 문(文)의 명사화(=명사절 만들기)

하나의 문에 「こと」 혹은 「の」를 결합시켜 전체로서 명사절(名詞節)을 이루는 현상을 말한다. 「こと」 혹은 「の」는 보통 형식명사로 분류되는 것인데, 문을 명사화(名詞化)하는 형식적 기능을 주로 담당한다는 점에서 명사화소(名詞化素)라는 명칭으로 불리기도 한다.

명사화된 문은 일반 명사처럼 「が」, 「を」, 「に」 등의 조사와 결합하여 문 구성을 위한 보족 성분(=보족어)으로 쓰이기도 하고, 지정사 「だ/です」와 결합하여 문의 술어 역할을 할 수도 있다.

ex. 私は花子がおどっているのを見た。
(나는 하나코가 춤추고 있는 것을 보았다.)
太郎の両親は太郎がえらいピアニストになることを期待しています。
(다로의 부모님은 다로가 훌륭한 피아니스트가 되기를 기대하고 있습니다.)
日本語を教えるのは難しいです。

(일본어를 가르치는 것은 어렵습니다.)

私は映画を見ること/のがいちばん好きです。

(나는 영화를 보는 것을 가장 좋아합니다.)

▸ 동사의 기본형이나 과거형에 결합

ex. 誰かが近づいてくるのに気づいた。

(누군가가 가까이 다가오는 것을 눈치챘다.)

彼がもう帰ったことを忘れていた。

(그가 벌써 돌아간 것을 잊고 있었다.)

▸ い형용사의 기본형이나 과거형에 결합

ex. 日本の文化がおもしろいことは分かるが、ユニークだとは思わない。

(일본 문화가 재미있는 것은 알겠지만, 독창적이라고는 생각하지 않는다.)

▸ な형용사의 な형 또는 과거형 뒤에 결합

ex. スイスがきれいなことは写真で知っています。

(스위스가 멋진 것은 사진으로 알고 있습니다.)

▸ 「명사+である」, 「명사+であった」, 「명사+だった」 뒤에 결합

명사에 직접 결합해「명사のこと」와「명사なの」를 이루기도 한다.

ex. あの人がいい人であることは確かです。
(저 사람이 좋은 사람인 것은 분명합니다.)

● **명사화소「こと」와「の」의 사용법**

「こと」는 선행문(先行文)의 내용을 자기 자신이 직접 관련된 것이 아닌, 일반적인 것으로서 객관화하여 말할 때 사용된다. 반면,「の」는 선행문의 내용이 자신이 직접 지각하거나 공감하는 어떤 것일 때 사용한다.

「こと」와「の」 어느 것이나 사용해도 좋은 경우가 있는가 하면,「こと」나「の」 둘 중 어느 하나만 쓸 수 있는 경우도 있다.

ex. 僕は静江が泳ぐの/*ことを見ていた。
(나는 시즈에가 헤엄치는 것을 보고 있었다.)
彼の父親は彼が法律家になる*の/ことを期待している。
(그의 부친은 그가 법률가가 될 것을 기대하고 있다.)
日本へ行くの/ことは簡単です。
(일본에 가는 것은 간단합니다.)
田中さんがアメリカへ行くの/ことを知っていますか。
(다나카 씨가 미국에 가는 것을 알고 있습니까.)

▸「の」만 가능한 경우

– 주문(主文)의 동사가 見る, 見える, 聞く, 聞こえる, 見つける, 感じる 등 지각(知覺)을 표현하는 동사인 경우

ex. 公園で花子が走っているのが見えます。
(공원에서 하나코가 달리고 있는 것이 보입니다.)
となりの家で誰かが叫ぶのが聞こえた。
(이웃집에서 누군가가 외치는 것이 들렸다.)
私は背筋が寒くなるのを感じた。
(나는 등줄기가 서늘해 지는 것을 느꼈다.)

– 주문(主文)의 동사가 나타내는 동작에 아울러 일어나는 동작을 표현하는 경우

ex. 子どもが寝るのを待って、電話をかけた。
(아이가 자는 것을 기다려 전화를 걸었다.)
このパソコンを運ぶのを手伝ってください。
(이 퍼스컴을 나르는 것을 도와 주세요.)
雨なので花見に行くのをやめました。
(비가 와서 꽃구경하러 가는 것을 그만두었습니다.)

▸「こと」밖에 쓸 수 없는 경우

– 주문(主文)의 동사가 思う, ならう, 学ぶ, 推定する 등 추상적 개념의 형성과 관련이 있는 정신 작용을 표현하는 동사일 경우

ex. 私は日本語がむずかしいことを学んだ。

(나는 일본어가 어렵다는 것을 배웠다.)

刑事は犯人がその女性を殺したことを正しく推定していた。

(형사는 범인이 그 여자를 죽인 것을 옳게 추정하고 있었다.)

- 주문(主文)의 동사가 命じる, たのむ, 要求する, 提案する, 勧める, 約束する, 祈る 등 발화(發話) 행위와 관련된 동사인 경우로, 그 대상이 되는 사건이 해당 시점에서 아직 비실현적(非實現的)이라는 데 특징이 있다.

ex. 私は彼にそのクラブに入ることを勧めた。

(나는 그에게 그 클럽에 들어갈 것을 권했다.)

彼は彼女に辞職することを要求した。

(그는 그녀에게 사직할 것을 요구했다.)

ゼミに出られないことを先生に伝えてください。

(세미나에 나갈 수 없는 것을 선생님에게 전해 주세요.)

ご病気が早くよくなることを祈っています。

(병환이 빨리 좋아지실 것을 기도하고 있습니다.)

- 바로 뒤에 「だ」「です」「である」(지정사)가 연결될 때는 「こと」를 사용한다.

(「の」를 사용할 경우 문말 서법 표지로서의 「~のだ」와 구별되지 않는다.)

ex. 私の趣味は映画を見ることです。

(나의 취미는 영화를 보는 것입니다.)

-「～ことがある」「～ことができる」「～ことになる」「～ことにする」등 관용구의 경우

ex. あの女優は一週間で100万円稼ぐことができる。

(저 여배우는 일주일에 100만엔을 벌 수 있다.)

私は外国で暮したことがあります。

(나는 외국에서 산 적이 있습니다.)

▶ 주문(主文) 동사가 어떤 종류의 것이냐에 따라「の」혹은「こと」의 사용 여부가 정해지는 것으로 설명하는 데에는 한계가 있다.「こと」,「の」스스로의 의미 작용을 통해 그 사용이 정해지는 것으로 볼 수도 있는데, 즉「の」는 내포되는 명사문의 사건이 '구체적 사건'으로서의 성격을 지니는 것을 표시해 주고,「こと」는 그것이 '추상적 개념'으로서의 성격을 지님을 표시하는 것으로 볼 수 있다.

16. 연체수식절(連體修飾節)

문의 형식을 갖춘 절(節)이 명사 앞에 놓여 그 명사를 수식하는 역할을 할 때, 그 절을 연체수식절(連體修飾節)이라한다. 연체수식절의 술어는 동사의 기본형이나 과거형, い형용사의 기본형이나 과거형, な형용사의 な형이나 과거형, 「명사+の」, 「명사+である」, 「명사+だった」, 「명사+であった」등으로 나타난다.

연체수식절과 피수식명사(被修飾名詞)는 함께 명사구를 이루게 되며, 전체 문의 한 보족어로서의 역할을 하게 된다.

● **연체수식절의 술어가 동사인 경우**

[Vru/Vta N] (Vru는 동사 기본형, Vta는 동사 과거형)

この絵を描いた人は有名な画家です。
(이 그림을 그린 사람은 유명한 화가입니다.)
雪国は川端康成が書いた小説です。

(설국은 가와바타 야스나리가 쓴 소설입니다.)
あの建物は私がときどきいくレストランです。
(저 건물은 내가 가끔씩 가는 레스토랑입니다.)
赤いセーターを着ている人が私の妹です。
(빨간 스웨터를 입고 있는 사람이 내 여동생입니다.)

● **연체수식절의 술어가 형용사인 경우**

[~Ai/Akatta N], [~NAna/NAdatta N]

日本でいちばん美しいところはどこですか。
(일본에서 가장 아름다운 곳은 어디입니까?)
済州島は韓国でいちばん有名な観光地です。
(제주도는 한국에서 가장 유명한 관광지입니다.)

● **연체수식절의 술어가 명사 술어인 경우**

[~Nno/Ndatta N], [~Nde aru/Nde atta N]

大手会社の社員の彼は、今年30歳になる。
(큰 회사의 사원인 그는 올해 30세가 된다.)
去年までは大学生だった彼が今は社会人になっています。
(작년까지는 대학생이었던 그가 지금은 사회인이 되었습니다.)

연체수식절은 피수식명사(被修飾名詞)와의 관계에 따라 2가지 유형으로 나누어 볼 수 있다. 즉, 피수식명사가 연체수식절의 보족어(補足語)로서 내적 구조 관계를 이루면서 한정(限定) 수식을 받는 경우가 한 가지이고, 다른 한 가지는 피수식명사가 연체수식절과 내적 관계를 이루지 않고 연체수식절이 피수식명사의 내용에 대해 설명해 주는 경우이다. 전자의 경우를 '보족어 수식절', 후자의 경우를 '내용절(內容節)'이라 부르기도 한다.

ex. きのう母が作ってくれたお菓子はとてもおいしかった。
(어제 엄마가 만들어준 과자는 매우 맛있었다.)
- 피수식명사인 「お菓子」가 앞의 연체수식절의 を격 보족어인 경우

きのうお菓子を作ってくれた母は、きょうは忙しい。
(어제 과자를 만들어준 엄마는, 오늘은 바쁘다.)
- 피수식명사인 「母」가 앞의 연체수식절의 が격 보족어인 경우

彼女が来月結婚するという知らせは私を悲しませた。
(그녀가 다음 달 결혼한다는 소식이 나를 슬프게 했다.)
- 피수식명사인 「知らせ」는 앞의 연체수식절의 보족어 성분이 아니고, 앞의 수식절 「彼女が来月結婚するという」가 「知らせ」의 내용을 설명해 주고 있는 경우

日本に旅行した経験は私にはいい思い出です。

(일본에 여행한 경험은 나에게는 좋은 추억입니다.)

– 피수식명사 「経験」에 대한 내용을 「日本に旅行した」가 설명해 주고 있는 경우

연체수식절이 피수식명사의 내용을 설명해 주는 내용절(內容節)의 경우 피수식명사가 무엇인가에 따라 「~という」의 개입을 반드시 필요로 하는 경우가 있는가 하면 그렇지 않은 경우도 있다.

ex. 北海道で強い地震があったという情報が入りました。

(북해도에서 강한 지진이 있었다는 정보가 들어왔습니다.)

誰かが玄関の前に立っている気配がした。

(누군가가 현관 앞에 서 있는 기척이 있다.)

● **피수식명사가 형식명사(形式名詞)인 경우**

형식명사는 앞에 반드시 연체수식어를 수반하면서 그것과 함께 전체를 명사구(절)로 만들어 주는 형식적 기능을 수행한다. 형식명사의 의미는 매우 추상적이고 모호한 것이어서 선행 연체수식어와 함께 쓰이면서 비로소 의미의 윤곽이 드러나는 것이다.

こと, の, もの, ところ, わけ, はず, つもり, ため, せい, まま, とおり, よう, …

「こと」: 어떤 사태나 사실, 개념, 경우 등을 포괄적으로 언급할 때 쓰인다.

春になると桜の花が咲くということはみんなが知っている。
(봄이 되면 벚꽃이 핀다는 것은 모두가 알고 있다.)
人々は雨の朝にだけ地表をさまようことを許された特殊な魂のように見えた。(ノ35)
(사람들은 비내리는 아침에만 지표를 떠도는 것을 허락받은 특수한 영혼처럼 보였다.)

「の」: 어떤 사태나 사실 등을 언급한다는 점에서 「こと」의 용법과 흡사하지만 「こと」에 비해 현실적이고 직접적인 경우에 사용한다.

私は人々が店の前を通りすぎていくのをずっと眺めていた。
(나는 사람들이 가게 앞을 지나가는 것을 죽 바라보고 있었다.)
家に帰るのはたいてい十時過ぎだった。(ガ159)
(집에 돌아오는 것은 대체로 10시 지나서였다.)
日時がたってしまうと、ゆきずりの人の輪郭を描くのはむつかしい。(ガ103)
(시일이 지나버리면 스쳐지나간 사람의 윤곽을 그리는 것은 어렵다.)

「もの」: 어떤 대상이나 현상, 사태, 경우 등을 두루 가리킬 수 있지

만, 그 구체성(具體性) 을 느낄 수 있는 것이다.

人生はそう簡単なものではない。
(인생은 그리 간단한 것이 아니다.)
笑いの量にも一生の定量みたいなものがあるのだろうか。(ガ160)
(웃음의 양에도 일생의 정량같은 것이 있는 걸까?)
初めからこの男とはなにかが起こりそうだと、薄色の予感めいたものを覚えた。(ガ105)
(처음부터 이 남자와는 무언가가 일어날 것 같다는 희미한 예감 같은 것을 느꼈다.)

「ところ」: 어떤 장소나 시간, 상황 등을 나타낸다.

今ちょうど出かけるところです。
(지금 막 나가려는 참입니다.)
「昔はよくここに来てギターの練習したわ。こぢんまりしていいところでしょ?」(ノ9)
(예전에는 여기에 와서 기타 연습을 했어요. 아담하고 좋은 곳이죠?)
金もない男と一緒になったところで、とても幸福はやって来そうもない。(ガ153)
(돈도 없는 남자와 함께 산다고 한들 도저히 행복은 찾아올 것 같지 않다.)

「はず」: 어떤 사실에 대한 강한 확신을 표현할 때 사용한다.

彼がもう帰ったはずがありません。
(그가 벌써 돌아갔을 리가 없습니다.)
なんの特技もない平凡な勤め人。月給の高かろうはずもない。(ガ152)
(아무런 특기도 없는 평범한 근로자. 월급이 높을 리도 없다.)

「とおり」: 방법이나 방향 등을 나타낸다. '~ 대로'

あなたのおっしゃるとおりに従います。
(당신이 말씀하신 대로 따르겠습니다.)

「ため」: 목적 · 이유 등을 표현할 때 사용한다. '~ 위해', '~ 때문에'

いい職業を得るために一所懸命勉強しています。
(좋은 직업을 얻기 위해 열심히 공부하고 있습니다.)

「まま」: 어떤 부대적인 상황을 표현할 때 사용한다. '~ 채'

僕は混乱した頭を抱えたまま電車に乗って寮に戻った。(ノ38)
(나는 혼란스러워진 머리를 껴안은 채 전철을 타고 기숙사에 돌아왔다.)
今日の列車は人数も少なく、隣のシートは空席のままになって

いる。(ガ103)
(오늘 열차는 사람 수도 적고 옆 자리는 공석인 채로였다.)

「うち」: 시간적인 간격을 표현한다. '~ 내에, ~ 사이에'

仕事を楽しんでいるうちにいつのまにか三十を越してしまった。(ガ105)
(일을 즐기고 있는 사이 어느새인가 삼십을 넘겨버렸다.)

「ころ」: 대략적인 시간의 위치를 표현한다. '~ 무렵, ~ 쯤'

「子どものころには、あんまり笑うことがなかったの。」(ガ160)
(아이 적에는 그다지 웃는 일이 없었어.)
京都に着く頃には町は夜に包まれているだろう。(ガ103)
(교토에 도착할 쯤에는 거리는 밤에 감싸여 있을 것이다.)

「ほう」: 어느 쪽, 어느 편 등 방향을 표현한다. '~ 쪽, ~편'

鳥たちも雨を避けるように小屋の奥の方にかたまってひっそりと身を寄せあっていた。(ノ34)
(새들도 비를 피하기 위해 우리 안쪽에 무리지어 서로 살며시 몸을 기대고 있었다.)
もうしそうならば、できるだけいい男を見つけるほうがいい。(ガ153)

(만약 그렇다면, 될수록 좋은 남자를 찾아내는 편이 좋아.)

「**せい**」: 이유나 원인 등을 나타낸다. '~ 탓'

「やくざものにしちゃ感心だね。おっかさんをおなじ病気で亡くしたせいかね」(恋147)

(야쿠자치고는 괜찮은 사람이네. 어머니를 같은 병으로 잃었던 탓인가?)

かすかに匂う汗の香は、暑さのせいばかりではなかっただろう。(ガ158)

(희미하게 나는 땀냄새는 더위 탓만은 아니었을 것이다.)

17. 접속문(接續文)

접속문(接續文)이란 둘 이상의 절(節)이 접속하여 전체로서 하나의 복문(複文)을 이룬 것을 말한다.

접속을 위한 연결고리로서는, 술어(동사.형용사.명사 술어)의 활용형을 이용하는 경우, 술어에 접속조사가 결합한 형식, 연체수식절과 명사(및 형식명사)의 결합 형식 등을 이용한 경우가 있다. [[節1], [節2], …]

접속문의 구성은, 각 절이 서로 병렬(竝列)적인 관계로 접속하는 경우(=병렬접속), 주(主)와 종(從)의 관계로 접속하는 경우(=종속접속)로 구분해 볼 수 있다. 종속 접속된 절은 주절에 대해 부사적 수식 기능을 가진다고 하여, 부사절(副詞節)이라 부르기도 한다.

■ 동사의 활용형에 의한 접속문

동사 'て형'(V-te)

- 병렬접속, 순차적 동작, 인과 관계, 방법·양태 등을 표현

田中さんは、黒い帽子をかぶって、サングラスをしています。
(다나카 씨는 검은 모자를 쓰고, 선글라스를 하고 있습니다.)
私は朝、パンを食べて、コーヒーを飲みます。
(나는 아침에 빵을 먹고 커피를 마십니다.)
きのう、新宿へ行って、映画を見ました。
(어제 신주쿠에 가서 영화를 보았습니다.)
朝ねぼうをして、遅れました。
(늦잠을 자서 늦었습니다.)
かぜをひいて、頭が痛いです。
(감기에 걸려서 머리가 아픕니다.)
母はいつも立ってテレビを見ます。
(엄마는 항상 서서 텔레비전을 봅니다.)
私は毎日、歩いて学校へ行きます。
(나는 매일 걸어서 학교에 갑니다.)

동사 '중지형(中止形)'(V1 - i/V2 - ø)

- 주로 글에서 사용
- 동사 て형과 흡사한 용법. 병렬, 순차적 연결, 인과 관계 등 표현

鈴木さんは、京都で生まれ、神戸で育った。
(스즈키 씨는 교토에서 태어나 고베에서 자랐다.)

6時にうちに帰り、夕食を食べた。

(6시에 집에 돌아와 저녁밥을 먹었다.)

牛乳パックを使い、おもちゃを作った。

(우유 팩을 사용해 장난감을 만들었다.)

僕は金を払い、レコードの包みを受け取った。

(나는 돈을 지불하고 레코드 포장한 것을 받았다.)

新宿に着き、タクシーに乗りました。

(신주쿠에 도착해 택시를 탔습니다.)

동사 'れば형'(V1-eba/V2-reba)

-가정(假定)

めがねをかければ、見えます。

(안경을 끼면 보입니다.)

この薬を飲めば、熱がすぐ下がります。

(이 약을 먹으면 열이 금방 내립니다.)

あした雨が降れば行きません。

(내일 비가 내리면 안 갑니다.)

わからないことがあれば、いつでも聞いてください。

(모르는 것이 있으면 언제라도 물어 주세요.)

今晩、早く寝れば、明日の5時半に起きられます。

(오늘밤 일찍 자면 내일 5시 반에 일어날 수 있습니다.)

동사 'たら형'(V-tara)

- 조건(條件)

夏休みになったら、国へ帰ります。

(여름방학이 되면 우리나라에 돌아갑니다.)

あした晴れたら、海へ遊びに行こうと思っています。

(내일 날씨가 좋으면 바다에 놀러 가려고 생각하고 있어요.)

時間があったら飲みに行きましょう。

(시간이 있으면 한잔 하러 갑시다.)

ホテルに着いたら、電話してください。

(호텔에 도착하면 전화해 주세요.)

窓を開けたら、冷たい風が入ってきた。

(창문을 열었더니 차가운 바람이 들어왔다.)

毎朝ジョギングをやったら、1か月で3キロもやせました。

(매일 아침 조깅을 했더니 한 달에 3킬로나 빠졌습니다.)

동사 'たり형'(V-tari)

- 열거(列擧)

休みの日は、そうじをしたり洗濯をしたりします。

(휴일에는 청소를 하거나 세탁을 하거나 합니다.)

本を読んだり、テープを聞いたりして日本語を勉強しています。
(책을 읽거나 테이프를 듣거나 하여 일본어를 공부하고 있습니다.)
電車の中で飲んだり食べたりしてはいけません。
(전철 안에서 마시거나 먹거나 해서는 안 됩니다.)

■ 형용사의 활용형에 의한 접속

い형용사 'くて형'(A-kute)

–병렬접속, 인과관계

あのホテルは新しくてきれいです。
(저 호텔은 새롭고 깨끗합니다.)
田中さんは明るくて親切な人です。
(다나카 씨는 밝고 친절한 사람입니다.)
東京のアパートはせまくて、家賃が高いです。
(도쿄의 아파트는 좁고 집세가 비쌉니다.)
日本料理はおいしくて、色がきれいです。
(일본요리는 맛있고 색이 예쁩니다.)
このスープは熱くて、飲めません。
(이 스프는 뜨거워서 마실 수 없어요.)

い형용사의 'ければ형'(A-kereba)

－가정(假定)

アパートは安ければ、どこでもいいです。

(아파트는 싸면 어디라도 좋습니다.)

駅から近ければ、便利です。

(역이 가까우면 편리합니다.)

寒ければ服をもっと着なさい。

(추우면 옷을 더 입어라.)

寂しければ電話してよ。(쓸쓸하면 전화해.)

い형용사의 'かったら형'(A－kattara)

－조건(條件)

その本、読んでみておもしろかったら、私に貸してください。

(그 책 읽어 보아 재미있으면 나에게 빌려 주세요.)

あした天気がよかったら、いっしょにドライブに行きませんか。

(내일 날씨가 좋으면 함께 드라이브하러 가지 않겠어요?)

私がもっと若かったら、アメリカへ留学したいです。

(내가 좀더 젊었으면 미국으로 유학하고 싶습니다.)

寂しかったらいつでも来てね。

(쓸쓸하면 언제라도 와.)

い형용사의 'かったり형'(A-kattari)

–열거(列擧)

ここにある帽子は私には小さかったり大きかったりして、いいのがみつかりません。
(여기에 있는 모자는 나에게는 작거나 크거나 해서 좋은 것을 못 찾겠어요.)
主人は早かったり遅かったりです。
(남편은 빠르기도 늦기도 합니다.)
この雑誌は厚かったり文字が小さかったりして読みづらい。
(이 잡지는 두껍기도 하고 글자가 작기도 하여 읽기 힘들다.)

な형용사의 'で형'(NA-de)

–병렬접속, 인과관계

この魚は新鮮でおいしいです。
(이 생선은 신선하고 맛있습니다.)
山下先生はきれいでやさしい先生です。
(야마시타 선생님은 예쁘고 상냥한 선생님입니다.)
京都は静かでいい町です。
(교토는 조용하고 좋은 도시입니다.)
パーティーは、にぎやかで楽しかった。

(파티는 활기차고 즐거웠다.)

な형용사의 'なら형'(NA-nara)

-가정(假定)

山田さんが好きなら、手紙を書いたらどうですか。
(야마다 씨를 좋아하면 편지를 쓰면 어떻겠어요?)
あしたひまなら、うちへ遊びに来ませんか。
(내일 한가하면 우리집에 놀러 오지 않겠어요?)
もし無理なら、来なくてもいいです。
(만약 무리라면 오지 않아도 좋아요.)

な형용사의 'だったら형'(NA-dattara)

-조건(條件)

あした暇だったら、友だちのうちへ遊びに行こうと思っています。
(내일 한가하면 친구 집에 놀러 가려고 생각하고 있어요.)
もし仕事が大変だったら、同僚に手伝いを頼みます。
(만약 일이 힘들면 동료에게 도움을 부탁하겠습니다.)
君がもっと熱心だったら結果はかわっていたはずだ。
(자네가 더 열심이었다면 결과는 분명 달라져 있을 것이다.)

な형용사의 'だったり형'(NA-dattari)

-열거(列擧)

この頃、忙しかったり暇だったりです。
(요즘 바빴다 한가했다 합니다.)
コンピューターの説明が複雑だったり難しかったりする。
(컴퓨터의 설명이 복잡했다 어려웠다 합니다.)

■ 술어와 접속조사의 결합 형식에 의한 접속

접속조사「と」

-동사나 형용사의 기본형에 결합
-조건(條件). 일반적 사실, 습관, 일의 정해진 순서 따위를 표현할 때 사용

日本は夏になると、とてもむし暑くなります。
(일본은 여름이 되면 매우 무더워집니다.)
春になると、いろいろな花が咲きます。
(봄이 되면 여러 가지 꽃이 핍니다.)

コーヒーに砂糖を入れると、甘くなります。
(커피에 설탕을 넣으면 단맛이 납니다.)

この薬を飲むと、ねむくなります。
(이 약을 먹으면 졸립니다.)
塩分をとり過ぎると、血圧が高くなります。
(염분을 과하게 섭취하면 혈압이 높아집니다.)
この機械はここを押すと、ふたが開きます。
(이 기계는 여기를 누르면 뚜껑이 열립니다.)
郵便局はあの角を右に曲がると、左側にあります。
(우체국은 저 모퉁이를 오른쪽으로 꺾으면 왼쪽에 있습니다.)
映画が始まるとすぐみんな静かになりました。
(영화가 시작되자 곧 모두 조용해졌습니다.)

접속조사「から」

- 동사, 형용사,「명사+だ」의 기본형 또는 과거형에 결합
- 인과(因果) 관계

友だちが来るから、ビールをたくさん買いました。
(친구가 오니까 맥주를 많이 샀습니다.)
遅く起きたからタクシーで行きました。
(늦게 일어나서 택시로 갔습니다.)
少し寒いから、窓を閉めましょう。
(조금 추우니까 창문을 닫읍시다.)
頭が痛かったから学校を休んだんです。
(머리가 아파서 학교를 쉬었습니다.)

きょうはいい天気だから、せんたくをします。
(오늘은 좋은 날씨이니까 세탁을 합니다.)

접속조사「ので」

–동사나 い형용사의 기본형 또는 과거형에결합
–な형용사의 な형 또는 과거형에결합
–「명사+な」 또는 「명사+だった」에 결합
–인과(因果) 관계

あした病院へ行くので、学校を休みます。
(내일 병원에 가므로 학교를 쉽니다.)
9時からテストをするので、8時45分までに来てください。
(9시부터 테스트를 하니 8시 45분까지는 와 주세요.)
えんぴつを忘れたので、友だちに借りました。
(연필을 잊고 와서 친구에게 빌렸습니다.)
のどが痛いので、病院へ行きます。
(목이 아파서 병원에 갑니다.)
休憩時間が短かったので、私はバスを降りなかった。
(휴게시간이 짧았기 때문에 나는 버스를 내리지 않았다.)
母が病気なので、国へ帰ります。
(엄마가 병이 나서 귀국합니다.)
昨日は暇だったので、家で本を読んだり、テレビを見たりした。

(어제는 한가해서 집에서 책을 읽거나 텔레비전을 보거나 했다.)

접속조사「のに」

- 동사나 い형용사의 기본형 또는 과거형에 결합
- な형용사의 な형 또는 과거형에 결합
- 「명사+な」 또는 「명사+だった」에 결합
- 역접(逆接) 관계

あしたから旅行をするのに、まだ準備をしていません。
(내일부터 여행을 하는데 아직 준비를 못 했습니다.)
薬を飲んだのに、病気が治らない。
(약을 먹었는데 병이 낫지 않는다.)
田中さんは胃が弱いのに、よく酒を飲む。
(다나카 씨는 위가 약한데 자주 술을 마신다.)
昔は体が弱かったのに、今は風邪ひとつ引きません。
(예전에는 몸이 약했었는데 지금은 감기 하나 걸리지 않는다.)
日光は有名なのに、キムさんは知りませんでした。
(닛코는 유명한데 김씨는 몰랐습니다.)
外は雨なのに、サッカをやっている。
(밖은 비가 오는데 축구를 하고 있다.)

접속조사「が」

– 동사 · 형용사 · 명사 술어의 기본형 또는 과거형에 결합
– 역접(逆接) 관계

私はビールは飲むが酒は飲まない。
(나는 맥주는 마시지만 청주는 마시지 않는다.)
駅まで15分ぐらいかかりますが、公園のそばで静かです。
(역까지 15분 정도 걸립니다만, 공원 옆이고 조용합니다.)
日本語を4年ぐらい勉強しましたが、まだ上手ではありません。
(일본어를 4년 정도 공부했습니다만, 아직 능숙하지 않습니다.)
今の仕事はいそがしいですが、おもしろいです。
(지금의 일은 바쁩니다만, 재미있습니다.)

접속조사「けれども」

– 동사 · 형용사 · 명사 술어의 기본형 또는 과거형에 결합
– 역접(逆接) 관계

雨が降ったけれども人がたくさん来ました。
(비가 내렸지만 사람이 많이 왔습니다.)
本を読んだけれどもわかりませんでした。
(책을 읽었지만 알 수 없었습니다.)

この本は高いけれどもいい本ですよ。
(이 책은 비싸지만 좋은 책이에요.)
きょうは日曜日だけど、出かけないでうちにいよう。
(오늘은 일요일이지만 외출하지 말고 집에 있자.)

접속조사「ながら」

- 동사의 중지형(=ます형)에 결합
- 동시성(同時性)을 표현

私はいつもラジオを聞きながら車を運転します。
(나는 늘 라디오를 들으면서 차를 운전합니다.)
ビールでも飲みながら、話をしませんか。
(맥주라도 마시면서 이야기를 하지 않겠어요?)
ものを食べながら歩かないでください。
(무엇을 먹으면서 걷지 말아 주세요.)
船に乗りながら、町を見物しました。
(배를 타면서 도시를 구경했습니다.)
リーさんはレストランでアルバイトをしながら日本語を勉強しています。
(리 씨는 레스토랑에서 아르바이트를 하면서 일본어를 공부하고 있습니다.)

접속조사「なら」

–동사나 い형용사의 기본형 또는 과거형에 결합
–な형용사의 어간에, 명사에 바로 결합
–가정(假定)

勉強をするなら、テレビを消したほうがいいですよ。
(공부를 하려면 텔레비전을 끄는 게 좋아요.)
疲れたなら、少し休んだ方がいいですよ。
(피곤하면 좀 쉬는 편이 좋아요.)
今日は忙しいなら、あしたにしましょう。
(오늘은 바쁘면 내일로 합시다.)
値段が同じなら、この大きいのにします。
(값이 같으면 이 큰 것으로 하겠어요.)
中国語は話せませんが、英語なら話せます。
(중국어는 하지 못하지만 영어라면 할 수 있어요.)

접속조사「し」

–동사 · 형용사 · 명사 술어의 기본형 또는 과거형에 결합
–어떤 일에 관련된 구체 사항 · 근거 등을 열거(列擧)

酒も飲むし、たばこもすうし、体によくないです。
(술도 마시지, 담배도 피지, 몸에 좋지 않습니다.)

ロンドンへ行ったし、パリへ行ったし、今年の夏は楽しかった。
(런던에 갔지, 파리에 갔지, 올 여름은 즐거웠다.)
きょうは天気もいいし、あたたかいし、気持ちがいい日だ。
(오늘은 날씨도 좋지, 따뜻하지, 기분이 좋은 날이다.)
この辺は寒いし、暗いし、危険だし、あまりいい所ではありませんね。
(이 근처는 춥지, 어둡지, 위험하지, 그다지 좋은 곳은 아니에요.)

■ 연체수식절과 '명사+조사'의 결합 형식에 의한 접속

「~ように」

– 동사의 기본형이나 그 부정(否定)형에 결합
– 방법· 양태

先生の話がよく聞こえるように、教室の前の方の席にすわりました。
(선생님의 이야기가 잘 들리도록 교실 앞 쪽 자리에 앉았습니다.)
最終電車に間に合うように、駅まで走りました。
(마지막 전철에 늦지 않도록 역까지 뛰었습니다.)
かぜがはやくなおるように、オレンジジュースをたくさん飲みました。

(감기가 빨리 낫도록 오렌지쥬스를 많이 마셨습니다.)
健康のためにできるだけあまい物は食べないようにしています。
(건강을 위하여 될 수 있는 한 단 것은 먹지 않도록 하고 있습니다.)

「〜ために」

– 동사나 い형용사의 기본형 또는 과거형에결합
– な형용사의 な형 또는 과거형에결합
–「명사+の」,「명사+だった」에 결합
– 목적, 이유·원인

日本の会社で働くために、日本語を勉強しています。
(일본 회사에서 일하기 위해 일본어를 공부하고 있습니다.)
有名な先生の話を聞くために、たくさんの人が集まりました。
(유명한 선생님의 이야기를 듣기 위해 많은 사람이 모였습니다.)
雨が降ったためにハイキングに行けませんでした。
(비가 내렸기 때문에 하이킹하러 갈 수 없었습니다.)
この道具は便利なためによく売れます。
(이 도구는 편리하기 때문에 잘 팔립니다.)
田中さんは研究のためにドイツに行った。
(다나카 씨는 연구를 위해 독일에 갔다.)

「～とき(に/は)」

– 동사나 い형용사의 기본형 또는 과거형에 결합
– な형용사의 な형 또는 과거형에 결합
–「명사+の」,「명사+だった」에 결합

私は日本へ来るとき、JALに乗ってきました。
(나는 일본에 올 때 JAL을 타고 왔습니다.)
テレビを見ている時に、電話がなりました。
(텔레비전을 보고 있을 때에 전화가 울렸습니다.)
私は去年、国へ帰ったとき、大学の友だちに会いました。
(나는 작년에 귀국했을 때 대학 친구들을 만났습니다.)
つかれた時は休みます。
(지쳤을 때는 쉽니다.)
私は果物が安い時にたくさん買っておいた。
(나는 과일이 쌀 때에 많이 사 두었다.)
これは出発の時にわたします。
(이것은 출발 때에 건넵니다.)

「～あいだ(に)」

–「동사 て형+いる」에 결합
– い형용사 기본형이나 な형용사의 な형에 결합
–「명사+の」에 결합

子どもが遊んでいる間に私は家事をします。

(아이가 놀고 있는 동안에 나는 집안일을 합니다.)

私が外出している間にだれか人が来ました。

(내가 외출하고 있는 사이에 누군가 사람이 왔습니다.)

涼しい間に勉強しよう。

(날씨가 선선한 동안에 공부하자.)

やんさんは飛行機が飛んでいる間ずっと寝ていました。

(얀 씨는 비행기가 날고 있는 동안 죽 자고 있었습니다.)

夏休みのあいだに、アルバイトをするつもりです。

(여름방학 동안에 아르바이트를 할 생각입니다.)

「～前に」

–동사 기본형에 결합

–「명사+の」에 결합

スミスさんは食べる前にいつもお祈りをします。

(스미스 씨는 먹기 전에 항상 기도를 합니다.)

へやへ入る前に、くつをぬいでください。

(방에 들어가기 전에 구두를 벗어 주세요.)

暗くなる前に帰ってきなさい。

(어두워지기 전에 돌아오너라.)

行く前に電話しましょう。

(가기 전에 전화합시다.)

「～後で」

–동사의 과거형에 결합
–「명사+の」에 결합

私がうちへ帰った後で雨が降った。
(내가 집에 돌아온 후에 비가 내렸다.)
晩ごはんを食べたあとで散歩しましょう。
(저녁밥을 먹은 후에 산보합시다.)
勉強が終わったあとで、しごとをします。
(공부가 끝난 후에 일을 합니다.)
授業の後で、バイトに行った。
(수업 후에 아르바이트하러 갔다.)

「～まま」

–동사의 과거형에 결합
–い형용사의 기본형에 결합
–な형용사의 な형에 결합

あの人は立ったまま寝ています。
(저 사람은 선 채로 자고 있습니다.)

くつをはいたまま入ってはいけません。

(신발을 신은 채로 들어가서는 안 됩니다.)

私はときどき窓を開けたまま外出します。

(나는 때때로 창문을 열어둔 채 외출합니다.)

참/고/문/헌

- 庵 功雄外(著)(2000),『日本語文法ハンドブック』, スリーエーネットワーク.
- 庵 功雄(2001),『新しい日本語学入門』, スリーエーネットワーク.
- 池上嘉彦(1984),『記号論への招待』, 岩波新書.
- 井上和子(1976),『変形文法と日本語 上・下』, 大修館書店.
- 河上誓作(1996),『認知言語学の基礎』, 研究社出版.
- 菊地康人(1994),『敬語』, 角川書店.
- 金田一春彦(1976),『日本語動詞のアスペクト』, 麦書房.
- 金田一春彦(1988),『日本語(上)・(下)』, 岩波新書.
- 工藤浩外(共著)(1993),『日本語要説』, ひつじ書房.
- 工藤真由美(1995),『アスペクト・テンス体系とテキスト』, ひつじ書房.
- 久野 暲(1973),『日本文法研究』, 大修館書店.
- 国際交流基金 日本語国際センター(編)(1990),『日本語への招待』
- 国立国語研究所(1972),『動詞の意味・用法の記述的研究』, 秀英出版社.
- 国立国語研究所(1981),『日本語の文法 上・下』.
- 柴谷方良(1978),『日本語の分析』, 大修館書店.
- 清水義昭(2000),『概説日本語学・日本語教育』, おうふう
- 城田 俊(1998),『日本語形態論』, ひつじ書房.
- 須賀一好・早津恵美子(編)(1995),『動詞の自他』, ひつじ書房.

• 鈴木重幸(1972),『日本語文法・形態論』, むぎ書房.
• 玉村文郎(編)(1992),『日本語学を学ぶ人のために』, 世界思想社.
• 角田太作(1991),『世界の言語と日本語』, くろしお出版.
• 寺村秀夫(1982),『日本語のシンタクスと意味Ⅰ』, くろしお出版.
• 寺村秀夫(1984),『日本語のシンタクスと意味Ⅱ』, くろしお出版.
• 寺村秀夫外(編)(1987),『ケーススタディ日本文法』, 桜風社.
• 仁田義雄(編)(1991),『日本語のヴォイスと他動性』, くろしお出版.
• 仁田義雄(編)(1993),『日本語の格をめぐって』, くろしお出版
• 仁田義雄外(共著)(2000),『日本語の文法1:文の骨格』, 岩波書店.
• 仁田義雄(2002),『副詞的表現の諸相』, くろしお出版.
• 野田尚史(1991),『はじめての人の日本語文法』, くろしお出版.
• 古田東朔外(共著)(1980),『新國語概説』, くろしお出版.
• 益岡隆志(1987),『命題の文法』, くろしお出版.
• 益岡隆志・田窪行則(1989),『基礎日本語の文法』, くろしお出版.
• 益岡隆志(1993),『24週日本語文法ツアー』, くろしお出版.
• 益岡隆志(2000),『日本語文法の諸相』, くろしお出版.
• 村木新次郎(1991),『日本語動詞の諸相』, ひつじ書房.
• 森田良行(1995),『日本語の視点』, 創拓社.
• 森山卓良(2000),『ここからはじまる日本語文法』, ひつじ書房.
• 山梨正明(1995),『認知文法論』, ひつじ書房.
• 山梨正明(2000),『認知言語学原理』, くろしお出版.

• Alfonso, Anthony(1966), "Japanese Language Patterns", 上智大学出版部.

- Nakau, Minoru(1973) "Sentential Complementation in Japanese", 開拓社
- Seiichi Makino & Michio tsutsui(1989), "A Dictionary of Basic Japanese Grammar", The Japan Times.
- Senko K. Maynard(1990), "An Introduction to Japanese Grammar and Communication Strategies", The Japan Times.

- 양경모(1999),「上下의 방향성과 의미의 확장-일본어 동사 上がる를 중심으로」,『언어의 역사』, 태학사.
- 양경모(2000),「〈内外〉의 공간개념과 은유적 확장-うち/ない(内)의 용법을 중심으로」,『일본어문학 제8집』, 한국일본어문학회.
- 양경모(2003),「「V-こむ」동사의 후항 요소「ーこむ」의 의미에 관한 고찰」,『일본어학연구 제7집』, 한국일본어학회.
- 양경모(2006),「이미지 스키마의 은유적 전용에 의한 개념구조 확장에 관한 연구-일본어와 한국어의 비교 고찰」,『일본어학연구 제15집』, 한국일본어학회.
- 양경모(2011),「일본어 동사 활용체계 기술들에 대한 비교분석 및 제언」,『일본어학연구 제31집』, 한국일본어학회.
- 양경모(2014),「동사 어휘 체계에 관한 한 · 일어 대조 고찰」,『일본어학연구 제40집』, 한국일본어학회.
- 양경모(2017),「한｢일어 수동 표현의 비교 고찰-일본어「Vーられる」와 한국어 이피동사 및 V-어지다의 대응 관계의 성격」,『비교일본학 제41집』, 한양대학교 일본학국제비교연구소.

〈예문 출전〉

- 阿刀田高(1985),『ガラスの肖像』, 講談社文庫. (ガ)
- 原田康子(1985),『恋人たち』, 新潮文庫. (恋)
- 村上春樹(1982),『風の歌を聴け』, 講談社文庫. (風)
- 村上春樹(1991),『ノルウェイの森(下)』, 講談社文庫. (ノ)
- 三浦綾子(1978),『氷点(上)』, 朝日文庫. (氷上)
- 三浦綾子(1978),『続氷点(上)』, 朝日文庫. (続氷上)

용/어/색/인

양경모(梁慶模)

문학박사

목포대학교 일어일문학과 교수

(사)한국언어학회 회장 역임

한국일본어학회 회원

한국일본어문학회 회원

일본어 문법의 이해

초판 인쇄 | 2021년 6월 5일
초판 발행 | 2021년 6월 5일

엮 은 이 양경모

책임편집 윤수경

발 행 처 도서출판 지식과교양
등록번호 제2010-19호
주 소 서울시 강북구 우이동108-13 힐파크103호
전 화 (02) 900-4520 (대표) / 편집부 (02) 996-0041
팩 스 (02) 996-0043
전자우편 kncbook@hanmail.net

ISBN 978-89-6764-171-9 93730 **정가** 18,000원